JN028078

中学校・高等学校

授業が変わる

学習評価

石井 英真

深化論

観点別評価で学力を伸ばす「学びの舞台づくり」

図書文化

はじめに

　資質・能力ベースの新学習指導要領に沿って学習評価のあり方も新たに提起され，現場では，資質・能力の三つの柱に即した3観点による観点別学習状況の評価への対応が課題となっています。そして，「主体的に学習に取り組む態度」の観点の評価をどうするかといった点に注目が集まりがちです。しかし，今回の学習評価改革の焦点を主体性評価に見出すのは改革の読み方としても一面的で，それ以上に，そのような捉え方では評価をめぐる様々な困難は解決されず，むしろ行き詰まってしまうでしょう。観点別評価の本丸は「思考・判断・表現」の充実です。まずそこにフォーカスすることによってこそ，困り感のある主体性評価についてもより妥当な運用の仕方が見えてきます。

　本書は観点別評価を軸とする学習評価改革について，それがさらなる現場の負担（徒労感）を増やすのではなく，カリキュラムや授業の改善を進めることと評価が自然と接続し，生徒たちの学びの変容が可視化されることで新しい挑戦の手ごたえが得られるような，「働き方」「働きがい」改革につながる道筋（戦術）を示そうとするものです。特に観点別評価が本格的に導入される高等学校の先生方の指針となるように，中高の実践を想定しながらまとめました。

　本論で詳しく述べますが，「学びの舞台づくり」として観点別評価への取組みを捉えることは，たとえば強い部活動をつくる塩梅で考えることを意味します。また本書は教育評価研究の歴史と最前線（補論参照）をふまえつつ，できる限り様々な教科・科目の事例を紹介しながら，小手先の対応ではなく，日本の学習評価のシステムと実践を「深化」させていく見通しを示そうとするものです。評価をめぐるもつれた糸を解きほぐし，評価の先に学びや授業の変革に取り組む先生方を励ます一助となるなら，望外の喜びです。

　本書の刊行にあたっては，大阪府教育センター高等学校教育推進室，および広島県教育委員会高校教育指導課に多大なるご協力をいただきました。特に，大阪府教育センターの瀧上健一主任指導主事と，広島県教育委員会の岡田真由指導主事には，原稿の事例部分の確認や各学校との連絡・調整などで大変お世話になりました。深く御礼申し上げます。

　最後に，図書文化社ならびに担当の佐藤達朗氏には，本書の企画から刊行にいたるまで多大なご支援をいただきました。ここに記して感謝申し上げます。

2022年10月26日

石井英真

3

目　次

第1章／評価改革の本質を問う
──成績を付けることだけが評価じゃない

第2章／なぜ観点別評価が強調されるのか

本書の用語表記について（凡例）

新学習指導要領

▶ 平成 29・30・31 年改訂学習指導要領（本文，解説）
http://www.mext.go.jp/a_menu/shotou/new-cs/1384661.htm

報　告

▶ 児童生徒の学習評価の在り方について（報告）（平成 31 年 1 月 21 日，中央教育審議会初等中等教育分科会教育課程部会）
http://www.mext.go.jp/b_menu/shingi/chukyo/chukyo3/004/gaiyou/1412933.htm

通　知

▶ 小学校，中学校，高等学校及び特別支援学校等における児童生徒の学習評価及び指導要録の改善等について（通知）（30 文科初第 1845 号）（平成 31 年 3 月 29 日，文部科学省初等中等教育局）
http://www.mext.go.jp/b_menu/hakusho/nc/1415169.htm

新観点（3 観点）

▶「知識・技能」「思考・判断・表現」「主体的に学習に取り組む態度」。つまり，平成 31 年（2019 年）『通知』で示された観点別学習状況の 3 観点のこと。

旧観点（4 観点）

▶「知識・理解」「技能」「思考・判断・表現」「関心・意欲・態度」。つまり，平成 22 年（2010 年）『通知』で示された観点別学習状況の 4 観点のこと。

参考資料

▶「指導と評価の一体化」のための学習評価に関する参考資料（文部科学省国立教育政策研究所教育課程研究センター）
https://www.nier.go.jp/kaihatsu/shidousiryou.html

第1章

評価改革の本質を問う

――成績を付けることだけが評価じゃない――

Q1 そこがゴールですか？ 「テスト7割，平常点3割」を超えて

「テスト7割，平常点3割」といった現状

　皆さんは評価にどのようなイメージをもっていますか。授業で教えた内容が習得できたか，問題が解けるようになったかを定期テストで測る。定期テストの点数はなかなか取れないけれど授業をがんばり，提出物をまじめに出しているなら，それらを加味して成績を付ける。特に学力的に厳しい生徒や不登校気味の生徒のがんばりを認めたい場合，平常点の位置づけは拡大しがちでしょう。**高校や中学校における評価の現状は「定期テストと平常点の相互補完関係」と見ることができ，それは，「受験対策的な一方通行の講義式授業」と「管理主義的な授業態度の指導」という日常を反映しています**（図1（1））。

　高校では観点別評価が本格的に始まって，「観点ごとにテスト問題を振り分けないといけない」「定期テスト以外にも評価材料を集めないといけない」といった不安が大きいでしょう。観点別評価を主体性の評価と考えて，「知識・技能」と「思考・判断・表現」の評価は大きく変えず，平常点をより細かくルール化する評価のあり方も考えられますが，生徒たちは日々のがんばりを細かく点検され，まじめさや従順さや努力をや

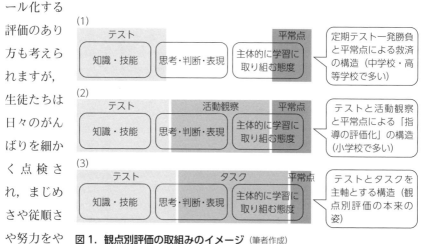

図1. 観点別評価の取組みのイメージ（筆者作成）

んわりと強いられることで，学校生活はより息苦しくなるのではないでしょうか。その形では受験学力の向上からも遠ざかると考えられます。

観点別評価の本丸は「思考・判断・表現」の充実

　観点別評価の本丸は「主体的に学習に取り組む態度」ではなく，「思考・判断・表現」です。主体性の育成は重要ですが，それは教科に負わせるものというより学校カリキュラム全体で育てていくべきものです。

　近年，自分で内容をかみ砕いたり関連づけたりすることなく，すぐにやり方を求める傾向が生徒たちの中で強まっていないでしょうか。授業中に静かに座っているが「この時間で何を学んだのか」と聞かれても答えられず，内容が積みあがっていかない。そうした学び取る力の弱さが目に付くゆえに，学びの基盤となる主体性の育成に向かいたくなるのかもしれません。しかし，「応用の前に基礎を定着させないと」「基礎を学ぼうとしないから主体性を育てないと」といった具合に，土台へと降りていくのは逆効果です。たとえば，バスケットボールでドリブルやシュートなどの基礎練習を繰り返すだけでは，プレイヤーは練習の意味がわからず技能の向上も見込めません。折に触れて試合形式を経験するからこそモチベーションが上がり，技能の定着も促されるものでしょう。

新しい学力観に見合ったシンプルな評価を考える

　新学習指導要領では「知識・技能」を使いこなして実社会のリアルな問題を解決していけるような，「生きて働く学力の育成」が強調されています。単元や授業を一工夫し，知識をつなげて考えたり使いこなしたりする「思考」を促すような，議論やレポートや作品制作や実演などの「試合」的な経験（タスク）を程よく組織する。それでこそ生徒たちに「学びがい」が生まれ，知識が関連づけられたりして，「基礎」を引き上げていくことも期待できるでしょう。

　ただし指導と評価を充実させる際に，学習活動のプロセスを丁寧に記録していくことは「評価疲れ」を招き，「評価（点検）のための授業」になって，学びのプロセスを大事にするつもりが逆に窮屈になるおそれがあります（図1（2））。**本書は「思考・判断・表現」を試すタスクの充実を核とする観点別評価のあり方を提起することで評価業務の煩雑さを軽減し，単元という単位での授業改善につなげていく道筋を示していきたいと思います**（図1（3））。

Q2 生徒を評価するとはどういうことか？

「見取り」「評価」「評定」の違いを意識する

　「評価」という言葉には「見取り」「評価」「評定」の三つの意味が混在しており，それらを整理することで「評価疲れ」を避けることができます（図2）。「見取り」「評価」「評定」の違いを説明しましょう。

　些細な仕草からその日の生徒の心理状況を感じ取ったり授業中の生徒のかすかなつぶやきをキャッチしたり，教師は授業を進めながらいろいろなことが自ずと「見える」し，見ようともしています（見取り）。

　同じレントゲン写真を見たときに，経験の浅い医師は目に付くものばかりに目が行くのに対し，熟練した医師は些細な兆候を見逃しません。見えているものの違いは初心者と熟達者の力量の違いを如実に表します。教師としての成長も授業中に生徒や学びがよく「見える」ようになり，計画段階でもリアルに生徒たちの学びや授業の展開が想像できるようになることです。

　授業を熱心に聞いていてもテストをすると理解・定着できていないなど，生徒の内面で生じていることは，単に授業を進めるだけでは見えてこない部分が多いものです。**学校には意識的に「見る」べきもの（保障すべき目標）があります。**教える側の責務を果たすために生徒たちの学力や学びの実態を把握し，指導の方法を工夫するところに「評価」を意識することの意味があります。「評定」はおもに外部への説明責任を目的として行われます。

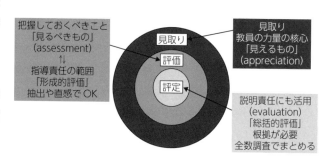

図2. 見取り，評価，評定の違い（石井，2021）

把握しておくべきこと
「見るべきもの」
(assessment)
⇅
指導責任の範囲
「形成的評価」
抽出や直感でOK

見取り
評価
評定

見取り
教員の力量の核心
「見えるもの」
(appreciation)

説明責任にも活用
(evaluation)
「総括的評価」
根拠が必要
全数調査でまとめる

「評価」についての思い込みを解く

　教育活動の終わりにのみ「評価」していては，単元末や定期テストの結果が悪くても後の祭りです。料理で味見をするように途中段階で学習状況を確かめて「評価」を指導や学びの改善に生かすこと，それが「形成的評価」（指導を改善し生徒を伸ばすために行われる評価）です。また，十分に育てた上で最終的にどれだけの力が付いたかを試すのが，「総括的評価」（最終的な学習成果の判定のための評価）です。そして，認定・選抜・対外的証明のために総括的に「評価」した情報の一部を用いて実施するのが「評定*1」です。

　「評価」というと，一人一人について判定のための客観的な証拠を残さないといけないというイメージがありますが，「形成的評価」は抽出でも大丈夫で，直観でも大丈夫という点が重要です。実際に教師は机間指導などを通して「この生徒ができていたら次に進んでもいいかな」と目星を付けながら，また生徒たちの表情やうなずき具合から理解状況を推測しながら，日々の授業を展開しているものでしょう。「形成的評価」は客観的に厳密に把握することよりも，生徒を伸ばすことに全力集中することが肝要です。そして，「総括的評価」の段階で初めて一人一人についての全数調査が必要になり，「評定」のためには証拠や客観性が大事になるのです。**「形成的評価」や「総括的評価」の意味を区別して理解し使いこなすことで「評価」についての思い込みから解放され，「評価」を意識すればするほど煩雑な仕事が増すという状況を避けることにつながります。**

　「教育評価」は教育という目標追求活動における部分活動であり，教育の過程，条件，成果などに関する様々な情報を収集し，それらを目標に照らして実態の価値づけを行い実態に応じて教育活動の調整・改善を行う活動，とまとめることができます。指導しているクラスのテストの点数が悪いとき，教師はしばしば生徒たちに対して「もっとがんばれ」と言います。しかし見方を変えると，指導した生徒たちに悪い点数しか取らせることができなかった教師の責任とも言えます。「学習評価」にとどまらない「教育評価」とは「教育活動の評価」という意味であって，できないことを生徒のみの責任にするのではなく，教師の指導，さらにはそれを規定しているカリキュラム，学校経営，教育政策といった教育環境や教育条件のあり方を問い直すものです。

Q3　観点別評価とは？

評価に力を入れるほど指導から遠ざかる現状

　評価という言葉で「見取り」「評価」「評定」が混同されていることが，評価をすればするほど疲弊し授業改善から遠ざかる状況の背景にあります。「評定」のイメージが強いために，評価は，テストで点数を付けて判定するという，日々の授業実践と切れた業務と捉えられがちです。

　また「見取り」と「評価」「評定」とを混同したまま「指導と評価の一体化」を捉えることで，授業過程の教師と生徒のコミュニケーションの中で自然に見えているものを，「評価だから客観性がないといけない」と必要以上に記録（証拠集め）をしてみたり「評定」のまなざしをもち込んだりして，日々の授業の過程で教師が評価のためのデータ取りや学習状況の点検に追われる事態も生じてしまっています（「指導の評価化」の問題[*2]）。

観点別評価の本来の姿を見据える

　観点別評価は目標分類学（タキソノミー）の研究にルーツをもち，めざす学力の質の違いに合わせて多様な評価方法の使用を促す点に主眼があり，1単元や1学期といったスパンで考えるべきものです。知識の暗記・再生ならペーパーテストで測れるが，意味理解や応用力を測るには記述式問題やレポートを用いるなど，評価方法を使い分けねばならないというわけです[*3]。

　そうした観点別評価の本来のあり方をイメージするには，たとえば，大学の授業の成績評価を思い浮かべるとよいでしょう。大学の科目では「ペーパーテスト4割，レポート課題6割」といった形で，評価方法とその割合がシラバスに記載されており，前者で「知識・技能」を，後者で「思考・判断・表現」を評価することが暗黙に想定されています。授業に対するコメントカード等をざっと見て次の授業に生かすことはしても，毎時間の授業で学生の学習状況を細

かく記録したり点検したりすることはまれでしょう。大学でペーパーテストだけでなくレポート課題が課されることが多いのは，学生に講義の内容を習得して再生するだけでなく，それを踏まえて自分なりに議論や意見を組み立てられるようになってほしいと考えられているからです。

テスト以外の「見せ場」をつくる

新学習指導要領は学校外の生活や社会で「生きて働く学力」を育てることを志向しており，そこから授業や評価のあり方を問い直そうとするものです（詳しくは後で述べます。28頁）。

では，学校外のプロの仕事はどう評価されているのでしょうか。試合，コンペ，発表会など，現実世界の真正（ホンモノ）の活動には，その分野の実力を試すテスト以外の「学びの舞台」（「見せ場（exhibition）」）が準備されています。他方，本番や試合に向けた練習は地味なものです。

しかし，学校での学習は「豊かな授業（練習）」と「貧弱な評価（試合）」になっていないでしょうか＊4。「思考・判断・表現」などの「見えにくい学力」の評価が授業中のプロセスの評価（観察）として遂行される一方で，単元末や学期末の総括的評価は依然として「知識・技能」の習得状況を測るペーパーテストが中心です。そうした既存の方法を問い直し「見えにくい学力」や生徒たちの潜在能力を新たに可視化する評価方法（学びの舞台）の工夫は，十分に行われてきたとはいえないのです。**めざす学力の幅が広がりものさし（評価基準表）が作られるものの，ものさしを当てる「学びの舞台」が準備されていない状況が，授業中のプロセスの評価（観察）への依存と「指導の評価化」を生み出してきたといえます。**

「学びの舞台」づくりとしての観点別評価

日々の授業で粘り強く思考し表現する活動を繰り返す中で生徒の思考力や主体性を伸ばし切り，課題研究での論文作成・発表会や教科のパフォーマンス課題など，**育った実力が試され可視化されるテスト以外の評価場面として「学びの舞台」を設定することが重要です。**行事や部活動の試合などのように「節目」で持てるものを発揮し切る経験を通してこそ，学びは成長へとつながっていくのです。

Q4 絶対評価（目標に準拠した評価）の ねらいは個性尊重なのか？

観点別評価は個性尊重の評価なのか

　観点別評価のねらいは点数で判定し序列化する評価（相対評価）から，生徒一人一人の伸びや成長を見取る個性尊重の評価（絶対評価）への転換だといった議論を耳にします。こうした捉え方は「評定」と「見取り」を混同していますし，さらに言うと「相対評価から絶対評価への転換」という言葉にも注意が必要です。ここで相対評価や絶対評価といった概念を整理しておきましょう。

相対評価――「集団準拠評価」とほぼ同義

　「相対評価」（集団準拠評価：norm-referenced assessment）は，ある集団内での相対的な位置・序列によって，他者との比較で評価するものです。

　客観性を保持するために正規分布曲線（**図3**）が使用されます。上位7％の生徒が「5」，次の24％が「4」，その次の38％が「3」，次の24％が「2」，最後の7％が「1」という具合に，学級内の序列で成績を決定するわけです。また，進路指導で使われる偏差値は平均点を「50」として集団内の位置を数値化した，おおよそ50段階の相対評価といえます。

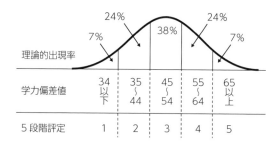

理論的出現率	7%	24%	38%	24%	7%
学力偏差値	34以下	35〜44	45〜54	55〜64	65以上
5段階評定	1	2	3	4	5

図3. 正規分布曲線と評定段階のイメージ

絶対評価──「目標に準拠した評価」として理解すべきもの

　相対評価の反対語を問われれば「絶対評価」が出てくるでしょう。しかし，「絶対評価」という言葉が日常的に使われるとき，それは「相対評価以外の評価」程度の意味で使われがちで，本来は区別すべき複数の評価観が混在しています（**表1**）*5。近年の評価改革で「絶対評価」という言葉で意味されているのは，教育目標を規準にその到達状況や実現状況を評価する「目標に準拠した評価」です（欧米では「規準準拠評価」（criterion-referenced assessment）という用語が使用される）。

　「目標に準拠した評価」では，客観的な評価のための規準・基準となるよう，目標を明確化することが重要です。試験制度の文脈においては自動車運転免許の試験をはじめ，各種資格の検定試験を思い浮かべるとよいでしょう。

表1．評価観の分類（観点別評価をめぐる知識重視・量的・目標準拠評価と主体性重視・質的・個性尊重評価の二項対立図式に陥らないために）（筆者作成）

「評定」中心のイメージ	「評価」中心のイメージ	「見取り」中心のイメージ
相対評価・目標準拠評価	目標準拠評価	個人内評価
テスト結果・量的評価	タスク・質的評価	活動プロセス・質的評価
信頼性重視・客観的評価	妥当性重視・間主観的評価	妥当性重視・主観的評価
「知識・技能」中心	「思考・判断・表現」中心	「主体的に学習に取り組む態度」中心
受験学力偏重	資質・能力保障志向	個性尊重志向

個人内評価──個性の把握に適する

　一人一人の個性や主体性を尊重する評価は「個人内評価」に相当します。「個人内評価」は生徒（個人）それ自体を規準とし，その生徒なりの強み・持ち味・がんばり等を継続的・全体的に評価するものです。

　個人内評価には「縦断的個人内評価」と「横断的個人内評価」があります。前者は，単元はじめにはこれだけしか書けなかった生徒が，単元終わりにはこのような長文を書けるようになったという具合に，学びの前後を比べてその伸びや変容を評価するものです。後者は，この生徒は計算は苦手だけれども作文は上手に書けるという具合に，その生徒の得意・不得意や長所・短所を明らかにするものです。

15

テストによる点数評価に代わるものとして観点別評価を位置づけようとする
あまり，知識から主体性へ，テスト結果から学びのプロセスへ，画一から個性
へというスローガンで，「絶対評価」を「個人内評価」のように捉えるのは混
乱のもととなるので注意が必要です。

なぜ「目標に準拠した評価」が強調されているか

2001 年の指導要録改訂において，相対評価から「目標に準拠した評価」へ
の評価観の転換が打ち出されました。相対評価はどんなに指導しようとも必ず
「1」を付ける生徒を生み出しますし，「5」を取ったとして，その中身の妥当
性が問われることはありません。相対評価による生徒たちの序列化は，学校教
育の選別・競争の場としての性格を強めます。

これに対して「目標に準拠した評価」では生徒が学んだことや身に付けたこ
との中身が問われますし，その一定水準以上の実現に向けて，教師や学校の教
育活動の反省と，つまずきがちな生徒への支援を促します。**「目標に準拠した
評価」は「教育評価」の考え方に基づいて，生徒の学力と成長と発達を保障す
る場として学校教育を機能させていくことにつながるわけです**（11 頁参照）。

観点別評価で成績を付けたとしても，結局は「クラスの成績分布を従来のも
のに近づけないといけないのではないか」という声を耳にします。しかし，観
点別評価で育て評価する学力の質が変化したのであれば分布が変わることはあ
りえますし，目標準拠評価で考えるなら，多くの生徒が一定水準以上クリアで
きていれば「5」や「4」の数が多くなることはありえます。試験問題が易し
すぎて成績が甘くなっていないかどうかは吟味が必要ですが，真に問題とすべ
きは，その成績が証明する学力（生徒の学習成果）の中身の妥当性でしょう。
釣り鐘型の正規分布を，あるいは格差を反映した二こぶの分布を崩して，より
高得点層が分厚く，低位の生徒が少ない教育的な分布へと組み替えてこそ，教
育活動は成功といえるのです。

知識でも主体性でもなく「思考・判断・表現」を，テストでもプロセス観察
でもなく「タスク」を通じて評価し，画一的に指導するのではなく一人一人に
応じつつ指導し，一定水準の内容や能力を「共通」に保障して，そうした基盤
の先に個性的な学びや成長の展開を期待することが肝要です。

Q5 評価をわずらわしい事務作業に
しないためには？

形成的評価と総括的評価の区別による評価場面の焦点化・重点化

　テストの点数に表れない生徒の育ちをプロセスの観察によって評価しようという思いは，日常的に細かく頻繁に評価材料を残そうとする「指導の評価化」に陥りがちです。そうならないためにも，ここまで繰り返し述べてきたように，総括的評価と形成的評価とを区別することが重要です。

　思考力・判断力・表現力を育成するために生徒たちの活動やコミュニケーションを丁寧に見守り観察（評価）しなければならないのは確かですが，それは形成的評価として意識すべきです。総括的評価は生徒一人一人について確かな根拠を残しながら客観的に評価することが求められますが，形成的評価なら，指導の改善につながる程度のゆるさで，抽出でも直観でも大丈夫です。生徒を伸ばすためにはタイミングを逃さずに働きかけることが重要であって，むしろ学習状況の把握と記録を意識しすぎてはなりません。

　形成的評価と総括的評価を区別し，「記録に残す評価」のタイミングを焦点化・重点化することで，評価に関わる負担を軽減できます。国立教育政策研究所発行の『参考資料』では，評価場面の焦点化・重点化が試みられています。各教科において，その意識の仕方や，具体化の仕方などは様々ですが，それは教科の特性と必ずしも結びついたものではないので，この教科はこの形でなければいけないと思わず，他教科のフォーマットも参照するとよいでしょう。

　たとえば，**図4**（18頁）で示した中学校外国語の単元計画は，毎時間に観点を割り付けることはしていません。「記録に残す評価」は単元末にのみ記されており，毎時間形成的評価を行いながら複数の観点を一体的に育てていくことが大切にされています。日々の授業で力を伸ばした上で，単元末や学期の節目に文法や読解などはペーパーテストで力を試す。他方，話す・聞くといったコミュニケーション能力等はリアルな場面を設定して実際にやらせてみないと確

17

かめられないので，パフォーマンス課題（タスク）に取り組ませて，あるいは学んだことを生かして生徒たちが活発にやり取りを展開したりする「肝（キモ）の一時間」で意識的に学びの足跡や思考の表現を残すよう生徒に促して，総括的評価を行うという具合です。

中学校外国語「話すこと［やり取り］」の指導と評価の計画

時間	ねらい（■），言語活動等（丸数字）	知	思	態	備考
1	■単元の目標を理解する。 ■教科書の対話文を読み，引用するなどしながら考えたことや感じたことなどを伝え合う。 ①自己目標を設定する。 ②教科書の対話文を読み，読み取れた内容に関する自分の考えや感じたことなどをペアで伝え合う。 ③対話文で使われている未知の語の意味や受け身の構造と意味を理解する。 ④英文を引用するための英語表現を学ぶ。（Student A says, "～." According to student A, ... など） ⑤再度，対話文の内容に関して，引用しながら考えや感想などを別のペアで伝え合う。 ⑥ペアで話した内容を踏まえ自分の考え等を書く。				・自分の考え等を伝える際は，語句ではなく文で伝えさせる。 ・後日行うパフォーマンステストに向け，「帯活動」で，身近な話題に関する「話すこと［やり取り］」の言語活動（Small Talk）に取り組ませ，相手の話に関わらせたり質問したりさせる。
2	■対話文を読み，引用するなどしながら，考えたことや感じたことなどを伝え合う。 ①受け身を使って作成された教科書本文とは別の対話文を読み，引用しながら，考えたことや感じたことを受け身の英文を使ってペアで伝え合う。 ②再度，対話文の内容に関して，引用しながら考えや感想などを別のペアで伝え合う。 ③ペアで話した内容を踏まえ自分の考え等を書く。				・第2，3時の学習の振り返りは適宜行わせる。（自己目標の設定や振り返りのさせ方などについては事例5参照）
3	■教科書の対話文（第1時で読んだ対話文の続き）を読み，引用するなどしながら考えたことや感じたことなどを伝え合う。 ①教科書の対話文を読み，読み取れた内容に関する自分の考えや感じたことなどをペアで伝え合う。 ②対話文で使われている未知の語の意味や現在完了形（肯定文）の構造と意味を理解する。 ③前時までに学んだ引用方法を確認し，それを意識して再度，対話文の内容に関して，引用しながら考えや感想などを別のペアで伝え合う。 ④ペアで話した内容を踏まえ自分の考え等を書く。				記録に残す評価は毎時間必ず行わない。ただし，ねらいに生徒の学習状況を確実に見届けているだけに即して記録に残す評価は行わない。ただし，ねらいに即した指導は必ず行う。活動させている生徒の活動の状況を確実に見届けているよう十分留意する。
4	■対話文を読み，引用するなどしながら，考えたことや感じたことを伝え合う。 ①現在完了形（完了用法・肯定文）を使って作成した教科書とは別の対話文を読み，引用などしながら，考えたこと				

図4. 評価場面を焦点化・重点化した単元計画（「記録に残す評価」の場面の精選）
（文部科学省国立教育政策研究所，2019a。太線の囲み罫とふき出しは引用者による）

18

時	内容				
	や感じたことなどをペアで伝え合う。 ※②以降は第3時の③，④と同じ。				
5	■教科書の対話文とレポート（第3時で読んだ対話文の続き）を読み，引用するなどしながら考えたことや感じたことなどを伝え合う。 ①教科書の対話文とレポートを読み，引用しながら自分の考えや感じたことなどをペアで伝え合う。 ②対話文等で使われている未知の語の意味や現在完了形（完了用法，否定文・疑問文）の構造と意味を理解する。 ※③以降は第3時の③，④と同じ。				
6	■対話文や文章を読み，引用するなどしながら，考えたことや感じたことなどを伝え合う。 ①現在完了形（完了用法の否定文，疑問文）を使って作成した教科書とは別の対話文や文章を読み，引用しながら考えたことや感じたことなどをペアで伝え合う。 ※②以降は，第3時の③，④と同じ。				
7	■ピクチャー・カードを使い，受け身や現在完了形などを正しく用いながら，教師やALTに教科書の全ての本文内容について説明する。 ①ペアになり，相手を教師やALTにみたてて，教科書本文内容についてピクチャー・カードを使いながら説明する。 ②一人一人が教師やALTに教科書本文内容を説明する。	○			・「注」①，②参照
8	■初見の文章を読み，引用するなどしながら考えたことや感じたこと，その理由などを伝え合う。 ①スピーチ原稿を読み，考えなどをペアで伝え合う。 ②ペアで話した内容を書く。 ③自己目標の達成状況を振り返り，次の課題を明確にする。	○	○	○	・「注」③参照
後日	パフォーマンステスト	○	○	○	本事例「5」参照

記録に残す評価は行わない。ただし，ねらいに即して生徒の活動の状況を確実に見届けて指導に生かすことは毎時間必ず行う。活動させているだけにならないよう十分留意する。

注：

①教師は1回につき4人（2ペア）を観察し，「知識・技能」の評価規準に照らして，受け身や現在完了形を使用しなくてはならない文脈で用いることができるかを観察する。

②本事例では「話すこと［やり取り］」であるため当該領域の言語活動により本単元で扱う言語材料を用いて自分の考えなどを伝え合う技能を身に付けているか否かを評価する。他方，他の領域に焦点を当てた単元の場合，当該領域の言語活動により当該単元で扱う言語材料に関する「知識・技能」を評価することになる（「読むこと」は事例2，「聞くこと」は事例3，「書くこと」は事例4をそれぞれ参照）。

③以下のとおり評価する。
・初見の文章を読み，読んだことについて，引用するなどしながら考えたことや感じたことなどをペアで3分程度伝え合う。その後，ペアを複数回変え，やり取りをさせる。
・教師は1回につき，4人（2ペア）を観察し，本課の評価規準（「知識・技能」，「思考・判断・表現」，「主体的に取り組む態度」）に照らして評価する。十分な発話がない生徒がいた場合は，新しいペアにおけるやり取りを観察する。
・第8時の観察の結果を本課の評価情報として極力記録に残すようにする。「知識・技能」の評価については，現在完了形や受け身の使用がみられなかった場合，第7時の観察の結果を加味することが考えられる。また，「主体的に学習に取り組む態度」の評価については第8時だけに限らず日々の授業における言語活動への取組状況を勘案する。（事例5参照）

単元末に，単元を総括するような学習場面を設定し，「記録に残す評価」とすることで，評価の焦点化・重点化を図っています。

また，**図5**で示した中学校社会の単元計画も，「評定に用いる評価（○）」と「学習改善につなげる評価（●）」とを区別して，評価場面の焦点化・重点化を図っています。

「指導と評価の一体化」の前に「目標と評価の一体化」を考える

　総括的評価のタイミングを焦点化・重点化することは，目標の焦点化・重点化を意味します。特に「思考・判断・表現」や「主体的に学習に取り組む態度」といったつかみどころのないものは，評価場面を決め打ちすることにおそれもあるでしょう。しかし，評価の頻度や細かさが評価の妥当性や信頼性を高めるとは限りません。**「これができたら一人前」という評価課題の質を確保することこそが重要であり，そのためには教科や単元の中核的な目標を見極めることが必要です。**ある高校の先生から「テスト問題がちゃんと作れたら教師として一人前」という言葉を聞いたことがありますが，それはテスト問題に限らず，よい評価課題を作るためには目の前の生徒たちの実態を見据えつつ，試すべき中核的な目標や内容を見極める眼が不可欠だからでしょう。

　しばしばアクティブ・ラーニングや探究的な学びの評価は難しいといった声を聞きますが，評価手法の問題というよりも，アクティブ・ラーニング等を通して何を育てたいのかが明確でないこと，さらにいえば単元や授業の出口の生徒たちの姿として目標をイメージできていないことによるのではないでしょうか。評価の難しさのほとんどは目標が明確化されていないことに起因するのであり，「指導と評価の一体化」の前に「目標と評価の一体化」をこそ意識すべきなのです。

　そもそも，**この内容を習得させたい，こういう力を育てたいといった「ねらい」や「ねがい」をもって，生徒たちに働きかけたならば，それが達せられたかどうかという点に自ずと意識が向くものでしょう。**評価的思考は，日々の教育の営みには内在していて，目標を明確にもっていれば自ずと評価は付いてきているものです。そうして，日々の授業で「目標と評価の一体化」を意識して出口の生徒の姿で目標を具体的にイメージしておくことで，単元計画で毎時間に観点を割りつけていなくても，机間指導等において捉えたいポイントも焦点化・重点化され，形成的評価も自ずと促されるでしょう。

中学校社会「現代の日本と世界の諸課題」の指導計画

（○…「評定に用いる評価」，●…「学習改善につなげる評価」）

	学習活動	評価の観点			評価規準等
		知	思	態	
4時間扱い	主権や人権，平和などに関わる現代社会の諸課題について，これまで学んできた歴史の大きな流れの中で考察し，自分の考えや意見をまとめよう。その意見について互いに話し合う中で，よりよい社会の実現に向けて，続けて追究したい「問い」を提案しよう。				
	① **「問い」をつくる** ・ これまでの歴史的分野の学習を振り返り，主権や人権，平和などに関わる現代社会の諸課題をグループで話し合い，「なぜ」「どのように」につながる問いの形で表現する。 ・ グループでの話合いを参考にして，それぞれ自分の追究したい「問い」を設定する。		●		● 読み取った情報や，話合いの結果を活用して，自ら「問い」を考察し，表現している。
	② **情報を収集し，「問い」を見直す** ・ ①の自分の「問い」について，歴史的経緯や現代への影響などの情報を収集して自分の考えを深め，「問い」を再設定する。		●		● 時期や年代，比較，相互の関連や過去と現在とのつながりなどに着目して，「問い」を再度考察して設定し直し，表現している。
	③ **考察，構想した内容を表現する** ・ 「問い」について考察し，その結果を踏まえ，よりよい社会の実現に向けてその課題を解決するために必要であると考えることをレポートに表現する。		○		○ 現代の課題について，視点をもって整理し，歴史的な経緯を踏まえて，根拠を基に考察し，よりよい社会の実現に向けて構想し，表現している。
	④ **レポートの成果を発表し，今後も追究し続けたい「問い」を設定する** ・ レポートをグループで発表し，意見交換を行い，そこでの意見を踏まえ，自分が設定した課題の解決に向けて，今後も追究したい「問い」を提案する。			○	○ 現代の課題を考え続ける姿勢をもつことの大切さに気付き，公民的分野の学習へのつながりを見いだそうとしている。

「評定に用いる評価」と「学習改善につなげる評価」を計画段階で弁別することで，評価の焦点化・重点化を図っています。

図5. 評価場面を焦点化・重点化した単元計画（「評定に用いる評価」と「学習改善につなげる評価」の弁別）

（文部科学省国立教育政策研究所，2019b。太線の囲み罫とふき出しは引用者による）

　学校に通って共に学ぶことの意味が問われる中で

　ICT の活用，オンライン授業，GIGA スクール構想などが進行していくにつれ，学校にみんなで集って学ぶことの意味が問われています。インターネットを生かした通信制高校も拡大する中，特に高校は多かれ少なかれ修得主義の方向に進んでいくでしょう。学校に通って出席していたら卒業できるというのではなく，高校 3 年間で何を学んだのかが問われるようになるわけです。「学歴社会」から「学習歴社会」への転換という流れを念頭に置いておく必要があります。

　ただし，修得主義イコール学びの個別化でない点には注意が必要です。寺子屋的な自由進度学習のようなものをイメージすると，学びの個別化のニュアンスが強くなりますが，「自主勉」と「自主ゼミ」は異なります。たとえば大学も基本的に修得主義ですが，それは「自主ゼミ」の発想であり，学年は比較的ゆるやかですが，最後にゼミなどに所属して，多くの場合，大学での学びの集大成として卒業論文・研究等に取り組む，いわば「大きな修得主義」です。卒業論文・研究等を進める際には，必要に応じて自主的に集まったりもしながら共に議論したり何かを制作したりといった具合に，協働性も求められます。いっぽう，各自で自主勉強を進め検定試験のようなものをクリアしたら単位認定や卒業等を認めるのは，「小さな修得主義」と呼ぶことができます。

　スタンプラリーのように単位をゲットするだけの割り切った学校生活ではなく，探究的な学びや特別活動等での社会的な経験を通して，人間的成長につながる学びの機会が必要ではないか。そもそも教科の学びについても，検定試験的にテストで測りやすい断片的な内容の習得状況を確認するだけで，その教科の本質的な学びの価値や生きて働く学力を保障したといえるのか。コロナ禍を経て学校の存在意義が問われる中，これらの問いに向き合うことが重要です。

　コロナ禍を経て，生徒を預かってくれる学校の意味，生活の基盤や居場所としての意味，そして，個人化・孤立化に向かいがちな傾向に対して，社会的な経験としての学校の意味も確認されているように思います。他方，学習面は，オンラインで動画やアプリを利用しながら自分で勉強を進められる，そもそも学習塾や予備校等で面倒を見てもらっているといった感覚も広がっているように思います。しかし，そこではやり方主義が支配的で，学ぶことのイメージが貧困化してはいないでしょうか。「物知り」や「問題が解ける」こととは異なる，物事を知ることや理解することの意味，教科を通してこそ育てられる物事の捉え方や考え方，あるいは思考の癖や態度も含めて，「何をもってその教科を修得したと言えるのか？」「それで一人前の主権者に必要な教養や知性を保障したと言えるのか？」，観点別評価はまさにこれらの問いに向き合い，教科の学びを貧困化させないための学力観の歯止めと捉えることが肝要です。

第 2 章

なぜ観点別評価が
強調されるのか

どんな準備をすればよいか？ ——観点別評価の流れと 急所をつかむ

観点別評価を位置づけた単元・題材計画が肝要

　観点別評価の準備は，指導と評価の計画表，評価規準表，そして，各観点の評価材料とその割合に応じて成績を自動計算できるエクセル表のようなものを作成することがゴールとして捉えられがちです。こうしたシステムを一度作れば成績は付けられるかもしれません。しかし，**既存の授業や学びの姿を変えず無理やり観点別に記録を残すのは，余計な作業を増やすだけです**。各観点について自ずと学びの証拠が残るよう単元や授業を変えていくとともに，何を価値ある学びと捉えるのかという学習観の転換が重要でしょう。

　図6に示す家庭科の題材計画（「できるよ，家庭の仕事」）は，パフォーマンス課題（自分にできる家庭の仕事について考え実践する）を軸に単元全体がデザインされています。「思考・判断・表現」は課題解決の方法をもとに評価するので，それぞれが実践した課題解決活動の交流と反省の場面（④）が，「記録に残す評価」です。「主体的に学習に取り組む態度」は，今後の生活を工夫・改善しようとしているかを捉えたいので，新たな課題を考える場面（⑤）が「記録に残す評価」です。小学校の事例ですが，観点別評価をシンプルに実践していくイメージをつかむ上でわかりやすいので紹介します。

どうやって単元を設計するか

　観点別評価を組み込んで単元を設計するには，まず単元目標を明確化し，三つの観点それぞれについて評価規準・基準を示し，どのように評価するかを考えます。次に形成的評価と総括的評価の違いを意識して評価場面を焦点化・重点化しながら，単元を組み立てます。**目標と評価を一体的にデザインするとともに，「学びの舞台」（総括的評価場面）に向けた生徒の学びと，教師の指導・支援（形成的評価を含む）のストーリーを構想するのです**。

題材名: 「できるよ，家庭の仕事」

題材目標:

　学んだことを生かして自分にできる家庭の仕事について日常生活から問題を見出し，課題を設定し，様々な解決方法を考えて，実践した結果を評価・改善し，考えたことを表現するなどして，課題を解決する力を身に付ける。

題材の学習計画:

第1次　①自分にできる家庭の仕事について考える。課題設定（これまでの学習で学んだことや家庭で行っている仕事について振り返りできるようになったことを発表する）

　　　　②家庭の仕事についてタブレットで調べ自分の家庭にあった方法を考える。課題解決の方法を考える

第2次　③実践してきたことについて自己評価し，中間の振り返りをする。保護者のコメントをもとにして改善方法を考える。評価・改善

　　　　④自分の実践を発表し，友達とアドバイスし合い改善方法を考える。

　　　　⑤実践した結果を評価・改善し新たな課題を見つけ次の実践に取り組む。新たな課題の発見

題材計画と評価計画（場面・方法）:

		★知・技	思・判・表	
第1次	①課題設定			
	②課題解決の方法を考える		↓	主体的に学習に取り組む態度
第2次	③評価・改善		↓	↓
	④評価・改善	★		↓
	⑤新たな課題の発見			★

　　　　「★」が記録に残す評価（総括的評価）

　　　　「↓」は指導に生かす評価（形成的評価）

　　　　具体的な姿を基準にしたものがルーブリック

パフォーマンス課題のルーブリック:

	A	B	C
思考・判断・表現	複数の課題を見出し，それらを解決する方法を具体的にわかりやすく書くことができた。	複数の課題を見出し，それらの課題を解決する方法を書くことができた。	課題を見出し，課題を解決する方法を書くことができた。
主体性	これからも仕事をずっと続けていくためにどうしたら良いのか，友だちの意見を聴くなどして，今後の生活を改善したり，生活を工夫し，家庭で実践しようとしている。	友達の意見を聴くなどして，今後の生活を改善したり，生活を工夫し，家庭で実践しようとしている。	生活をよりよくしようと，実践を振り返り，今後の生活を改善しようとしている。

図6. 観点別評価を位置づけた計画の例（小学校家庭）

（岸田蘭子『令和3年度高槻市小学校家庭科教育研究会研究発表会指導講評資料（2022年1月21日）』）

観点別評価の流れ（参考例）

step1 単元の目標，評価規準・基準を，学校の実態に応じて設定する

① 学習指導要領「内容のまとまり」を確認し，「単元の目標」を作成する
② 「単元の目標」から「単元の評価規準・基準」を作成する

《授業改善につなげるポイント》
ア：目標や評価基準の中身を生徒の姿で明確にする
イ：目標や評価基準は「単元や授業を設計する際の仮説や見通し」と捉える
ウ：学校教育目標については，教師間の視線やマインドセットを揃えるために活用する
→ 【第3章で解説します】

step2 単元の指導と評価の計画を立てる（学びの舞台づくり）

① 目標達成のための学習課題や学習活動を設定する
② 評価場面と評価方法を決める

《授業改善につなげるポイント》
ア：評価場面は「形成的評価」と「総括的評価」を区別して計画する
イ：単元の「肝の1時間」や「学びの舞台」を手がかりに，末広がりの単元を設計する
ウ：思考力等の「見えにくい学力」をロングスパンで育成・評価する計画をつくる
→ 【第4章で解説します】

step3 授業を行う（目標に準拠しつつ目標にとらわれないように）

step4 観点ごとに総括する（ABCを付ける）

step5 観点ごとの評定（ABC）を総括し，総合的な評定（54321）を導く

評定（総合評定）の求め方を右に示す。方法は右の二つに限らないので，各学校の実態に応じて方法を工夫されたい。

評定（総合評定）を導き出す方法例

〈例1〉　観点別学習状況（分析評定）の組み合わせから評定（総合評定）を求める

総合評定への換算表				生徒Aさんの観点別評価	

	分析評定のおもなパターン		総合評定
1	A 3個	AAA	5
2	A 2個　B 1個	AAB	5
3	A 1個　B 2個	ABB	4
4	A 2個　C 1個※	――	4
5	B 3個	BBB	3
6	A 1個　B 1個　C 1個	ABC	3
7	B 2個　C 1個	BBC	3
8	A 1個　C 2個※	――	2
9	B 1個　C 2個	BCC	2
10	C 3個	CCC	1

評価の観点	評価
知識・技能	A
思考・判断・表現	B
主体的に学習に取り組む態度	B

↓

評　定（総合評定）	4

〈例2〉　生徒の学習状況を数値化していき，節目で総括（評定化）する

① 素点の合計を「観点別学習状況（ＡＢＣ）」「評定（5段階）」に落とし込むためのカッティングポイントを決めておく

	観点別学習状況 （分析評定）			評定 （総合評定）				
得点率	～49	50～74	75～	～29	30～49	50～74	75～89	90～
評定値	C	B	A	1	2	3	4	5

② 生徒の学習状況を観点別に数値化して記録していく
③ 学期末や学年末などに素点を合計（総括）し，「観点別学習状況」（分析評定）と「評定」（総合評定）をそれぞれ求める

※ 〈例1〉の4や8のパターンから総合評定を導くことは通常考えられない。もし分析評定で仮に4や8のようなばらつきが頻繁に起こる場合は，評価方法や総括の仕方を見直すことも検討したい。
　　なお『報告』では，主体的に学習に取り組む態度が「この観点のみを取り出して，例えば挙手の回数など，その形式的態度を評価することは適当ではなく，他の観点に関わる児童生徒の学習状況と照らし合わせながら学習や指導の改善を図ることが重要である。」とした上で，3観点のばらつきに関して「単元の導入の段階では観点別の学習状況にばらつきが生じるとしても，指導と評価の取組を重ねながら授業を展開することにより，単元末や学期末，学年末の結果として算出される3段階の観点別学習状況の評価については，観点ごとに大きな差は生じないものと考えられる。仮に，単元末や学期末，学年末の結果として算出された評価の結果が「知識・技能」，「思考・判断・表現」，「主体的に学習に取り組む態度」の各観点について，「CCA」や「AAC」といったばらつきのあるものとなった場合には，児童生徒の実態や教師の授業の在り方などそのばらつきの原因を検討し，必要に応じて，児童生徒への支援を行い，児童生徒の学習や教師の指導の改善を図るなど速やかな対応が求められる。」としている（『報告』12頁）。

Q7 なぜ高校でも観点別評価なのか？ ──めざす教育の方向性

新学習指導要領による教育システムの一体改革と一貫改革

　新学習指導要領では資質・能力ベースの改革がうたわれており，アクティブ・ラーニング，主体的・対話的で深い学びといった学習者主体の授業や新3観点の学習評価をどのように捉え，どう実践していくのかが問われています。GIGA スクール構想や中央教育審議会答申「『令和の日本型学校教育』の構築を目指して」（2021年1月26日）などの近年の動きに目移りしてしまいがちですが，ICT 活用にしても個別最適な学びにしても，ゴールとなるのは新学習指導要領に示された資質・能力の育成です。

　新学習指導要領は「カリキュラム，授業，評価」をセットで変えていこうという一体改革として展開されており，「資質・能力の三つの柱」（知識・技能，思考力・判断力・表現力等，学びに向かう力・人間性等）で目標が整理されたことに対応して，学習評価も三つの観点となりました。また新学習指導要領は義務教育，高校教育，高等教育といった学校階梯を通して一貫性をもたせようとしており（一貫改革），それゆえに義務教育段階で実施してきた観点別評価を高校でも本格的に実施することになりました。

資質・能力ベースの新学習指導要領がめざす方向性

　資質・能力ベースの改革は，世界的に展開しているコンピテンシー・ベースの改革の日本版です。現代社会の要請，特に産業界からの要求を受けて，学校教育で「コンピテンシー」（職業上の実力や人生における成功を予測する能力）の育成を重視する傾向が世界的に展開してきました。「コンピテンシー」は，もともと経済発展に寄与する「人材」の意味が強い言葉です。しかし，人材育成にとどまらず民主的な社会の担い手である「市民」として，さらに文化的な生活を営む一人の「人間」として，目の前の生徒たちが未来社会をよりよく生

きること（well-being）につながる学びを学校は保障できているかを問うものとして，「コンピテンシー」概念を捉える必要があります。一般に「学力」概念が教科内容に即して形成される認知的な能力に限定して捉えられがちであるのに対して，教科等横断的に育まれうるコミュニケーション能力や社会性や情意的性向といった非認知的要素も含んで，学校で育成すべきものの中身を広げていこうという志向性を「資質・能力」という言葉は表しています。

　社会が求める実力（コンピテンシー）との関係において，また「生徒主語」の視点から，カリキュラムや授業や学びや評価のあり方を問い直すことがめざされています。特に中等教育は卒業後社会に出る生徒たちもおり，18歳で成人となる生徒たちを前に，いままで以上に「一人前」，あるいはその基盤となる知性や力量を育てられているのかが問われています。大学入試をはじめ高大接続の核心は，大学入学後あるいは就職後の準備（レディネス）が整っているかどうかを問うことです[6]。今後も大学入試で各大学や社会が求めるレディネスを評価する方向性は，拡大していくと考えられます。

「学びのピーク」を人生のもっと後ろの方に

　小学生の柔道の全国大会廃止が話題となりましたが，行き過ぎた勝利至上主義で将来の伸び代をつぶしてしまう点が問題の核心です。小・中学校段階で早期に結果を残すスーパーキッズ的な存在が，大人になって結果を残している例はむしろまれではないでしょうか。

　スポーツに限らず，学習や勉強も学校内外の受験対策の行き過ぎで，パッケージ化されたものを効率的に早くこなすことに最適化されて，生徒たちの伸び代をつぶしていないでしょうか。自分で参考書等を選ぶこともしなくなっているし，問題にじっくり取り組んで意味や理由を考えることはなく，すぐに解き方・やり方を教わろうとする。早食い・大食いの癖が付いてしまうことで，大学に入ってから学問や文化のホンモノをじっくり味わえなくなってしまったりするし，**物事の意味を考えたり関連づけたりしながら学ぶ姿勢の弱まりは，受験勉強としても非効率といえます**。また，大学入学までの受験勉強が「学びのピーク」になって，その後に学ばなくなることは，転職が当たり前の，変化する社会においてリスクを負うことになります。**社会への関心をもって学び続けることこそ，変化への一番の備えなのです**。

Q8 3観点で捉える学力を どう理解すればよいのか?

3観点の基本構造と学力の3層構造

　新3観点による学習評価は,「知識・技能」において事実的で断片的な知識の暗記・再生だけでなく概念理解を重視すること,「主体的に学習に取り組む態度」を授業態度ではなくメタ認知的な自己調整として捉え直し,「知識・技能」や「思考・判断・表現」と切り離さずに評価することなどが強調されています(**図7**)。すべての観点において「思考・判断・表現」的な側面が強まったように見えますが,育成すべき学力の中身をより精緻に検討するには,学力の3層構造を念頭においてみるとよいでしょう。

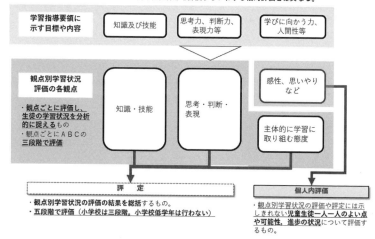

図7. 各教科における評価の基本構造 (文部科学省中央教育審議会, 2019)

　教科の学力の質は三つのレベルで捉えることができます（図8）。個別の知識・技能の習得状況を問う「知っている・できる」レベルは，穴埋め問題や選択式の問題など客観テストで評価できます（例：三権分立の三権を答えられる）。

　しかし，概念の意味理解を問う「わかる」レベルは知識同士のつながりとイメージが大事で，ある概念について例を挙げて説明することを求めたり，頭の中の構造やイメージを絵やマインドマップに表現させてみたり，適用問題を解かせたりするような機会がないと判断できません（例：三権分立が確立していない場合，どのような問題が生じるのかを説明できる）。

　さらに，実生活・実社会の文脈における知識・技能の総合的な活用力を問う「使える」レベルは，実際にやらせてみないと評価できません（例：三権分立という観点から見たときに，自国や他国の状況を解釈し問題点などを指摘できる）。そうして実際に思考を伴う実践をやらせてみて，それができる力（実力）を評価するのが，パフォーマンス評価です。

　先ほども例に挙げたように，ドリブルやシュートの練習（ドリル）がうまいからといってバスケットボールの試合（ゲーム）で上手にプレイできるとは限りません。ところが生徒たちはドリルばかりして，ゲーム（学校外や将来の生

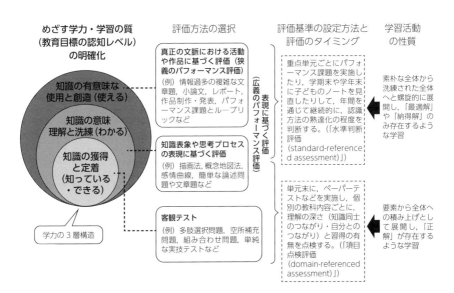

図8. 学力・学習の質（学力の3層構造）と評価方法との対応関係 (石井，2012)

活で遭遇するホンモノの，あるいはホンモノのエッセンスを保持した活動）を知らずに学校を去ることになっていないでしょうか。ゲームに当たるものを学校で保障し，生きて働く学力を形成していこうというのが「真正（ホンモノ）の学び（authentic learning）」の考え方です。**社会に開かれた教育課程や資質・能力ベースをうたう新学習指導要領がめざすのは，「真正の学び」を通じて「使える」レベルの知識とスキルと情意を一体的に育成することなのです。**

　なお，３層で学力・学習の質を捉える発想は目標分類学に関する研究の蓄積をもとにしています。シカゴ大学のブルーム（Bloom, B.S.）らが開発した「ブルーム・タキソノミー」[*7]は認知目標だけでなく情意目標についても共通言語を提供するもので，カテゴリーごとに教育目標の例とその目標に対応するテスト項目の例とが紹介されています。認知領域は「知識」「理解」「適用」「分析」「総合」「評価」の六つの主要カテゴリーによって構成されていますが，（1）「知識」（事実的知識の記憶），（2）「理解」（概念的知識の理解）・「適用」（手続的知識の適用），（3）「分析」「総合」「評価」（様々な知識を状況に応じて組み合わせる高次の問題解決）として，おおよそ３層で捉えることができます。

新しい３観点の観点別評価は「使える」レベルの評価をめざす

　従来の観点別評価（４観点）では，「知識・理解」「技能」は断片的知識（「知っている・できる」レベル）を穴埋めや選択式などの客観テストで問い，「思考・判断・表現」はおもに概念の意味理解（「わかる」レベル）を適用問題や短めの記述式の問題で問う一方で，「関心・意欲・態度」はテスト以外の材料をもとに生徒たちのやる気を評価していたように思われます（図9）。

　新指導要録の観点別評価（３観点）では，「知識・技能」は理解を伴って中心概念を習得することを重視して，「知っている・できる」レベルのみならず「わかる」レベルも含むようテスト問題を工夫することが求められます。そして，**「思考・判断・表現」は「わかる」レベルの思考を問う問題に加え，全国学力・学習状況調査の「活用」問題のように，「使える」レベルの思考を意識した記述式問題を盛り込んでいくこと（豊かなテスト），また，問いと答えの間が長くて思考力を試すだけでなく，試行錯誤や知的な工夫としての「主体的に学習に取り組む態度」も併せて評価できるような，テスト以外の課題（豊かなタスク）を工夫することが求められます**（図10）。

従来の4観点はどのように評価されてきたか

能力・学習活動の階層レベル（カリキュラムの構造）		資質・能力の要素（目標の柱）			
		知識	スキル		情意（関心・意欲・態度・人格特性）
			認知的スキル	社会的スキル	
教科等の枠付けの中での学習	知識の獲得と定着（知っている・できる）	事実的知識，技能（個別的スキル）**知識・理解　技能**	記憶と再生，機械的実行と自動化	学び合い，知識の共同構築	達成による自己効力感
	知識の意味理解と洗練（わかる）	概念的知識，方略（複合的プロセス）	解釈，関連付け，構造化，比較・分類，帰納的・演繹的推論		内容の価値に即した内発的動機，教科への関心・意欲**関心・意欲・態度**
	知識の有意味な使用と創造（使える）	**思考・判断・表現**　見方・考え方（原理と一般化，方法論）を軸とした領域固有の知識の複合体	知的問題解決，意思決定，仮説的推論を含む証明・実験・調査，知やモノの創発（批判的思考や創造的思考が深く関わる）	プロジェクトベースの対話（コミュニケーション）と協働	活動の社会的レリバンスに即した内発的動機，教科観・教科学習観（知的性向・態度）

※「関心・意欲・態度」が表からはみ出しているのは，本来学力評価の範囲外にある，授業態度などの「入口の情意」を評価対象にしていることを表すためである。

図9．従来の4観点による観点別評価の実践傾向 (石井，2019)

新しい3観点はどのように評価していくか

能力・学習活動の階層レベル（カリキュラムの構造）		資質・能力の要素（目標の柱）			
		知識	スキル		情意（関心・意欲・態度・人格特性）
			認知的スキル	社会的スキル	
教科等の枠付けの中での学習	知識の獲得と定着（知っている・できる）	事実的知識，技能（個別的スキル）	記憶と再生，機械的実行と自動化	学び合い，知識の共同構築	達成による自己効力感
	知識の意味理解と洗練（わかる）	**知識・技能**　概念的知識，方略（複合的プロセス）	解釈，関連付け，構造化，比較・分類，帰納的・演繹的推論		内容の価値に即した内発的動機，教科への関心・意欲
	知識の有意味な使用と創造（使える）	**思考・判断・表現**　見方・考え方（原理と一般化，方法論）を軸とした領域固有の知識の複合体	知的問題解決，意思決定，仮説的推論を含む証明・実験・調査，知やモノの創発（批判的思考や創造的思考が深く関わる）	**主体的に学習に取り組む態度**　プロジェクトベースの対話（コミュニケーション）と協働	活動の社会的レリバンスに即した内発的動機，教科観・教科学習観（知的性向・態度）

豊かなテスト　**豊かなタスク**

図10．新しい3観点による観点別評価の方向性 (石井，2019)

Q9 「知識・技能」は詰め込み（暗記・再生）でいいのか？

「知識の概念的な理解」をどう評価するか

　「知識・技能」の評価は、「ペーパーテストにおいて、事実的な知識の習得を問う問題と、知識の概念的な理解を問う問題とのバランスに配慮するなどの工夫改善を図るとともに、例えば、児童生徒が文章による説明をしたり、各教科等の内容の特質に応じて、観察・実験をしたり、式やグラフで表現したりするなど実際に知識や技能を用いる場面を設けるなど、多様な方法を適切に取り入れていくことが考えられる」（文部科学省『報告』）とされています。

　「知識・技能」というと年号や単語などの暗記・再生（「知っている・できる」レベルの学力）が思い浮かびますが、「概念」の意味理解（「わかる」レベルの学力）が重視されています。これまでの「知識・理解」「技能」の観点を「知識・技能」の観点に統合するに当たり、「理解」が抜け落ちないようにすることが強調されています。**日々の「わかる」授業により、理解を伴った豊かな習得（有意味学習）を保障し、記憶に定着しかつ応用の利く知識にして、生きて働く学力を形成していくことが求められているのです。**

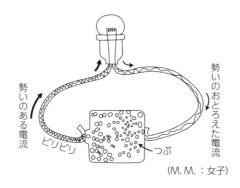

図11. 「電流」に関する子どもの素朴概念 (堀, 1998)

「知っている・できる」レベルの評価は，重要語句の穴埋め問題や選択問題などの客観テスト，および簡単な実技テストが有効です。これに対して「わかる」レベルの評価は，学んだ内容を適用することで解ける適用問題はもちろん，**図11**のように豆電球が光る仕組みについて学習者のイメージや説明を自由に記述させたり（描画法），歴史上の出来事の因果関係やあるトピックについて知っていることのマインドマップを図示させてみたりして，学習者がどのように知識同士をつないでいて，内容に対するどのようなイメージを構成しているのかを表現させてみる。数学の問題を作らせて，計算の意味を生活と結び付けて捉えられているかどうかを問うことなどが有効です。また，日々の授業で学習者に考えさせる際に，思考のプロセスや答えの理由をノートやワークシートに残させることも，学習者のわかり方やつまずきを把握する上で有効です。

「わかる」を測るために出題の一工夫を

　日々「わかる」授業を大事にしていても，評価では「知っている・できる」レベルに重点が置かれていないでしょうか。「わかる」授業の追求と同時に，「わかる」レベルの評価についてテスト問題を一工夫するとよいでしょう。たとえば，「墾田永年私財法は何年に発布されたか答えなさい」と問うのではなく，「次のものを年代の古い順に並べ替えよ。ア）墾田永年私財法，イ）三世一身法，ウ）荘園の成立，エ）班田収授法」と問うことで，古代の土地制度の歴史的流れ（公地公民制が崩れていく過程）が理解できているかどうかを評価するといった具合に，客観テストも問い方次第で「わかる」レベルを評価するものとなります。

　テストや評価課題における問いかけ方などを工夫する際は，表2（37頁）のような，目標分類学の下位カテゴリー（思考の類型）を手がかりにすることもできます。たとえば，「昆虫」の概念がわかっているかどうかは，ストレートに昆虫の定義を書かせてもいいでしょうが，言葉だけ覚えて書いているかもしれません。そこで，昆虫の体のつくりを図に書かせたり（解釈する），昆虫の例を挙げさせたり（例示する），複数の生き物を示して昆虫かそうでないかを分類させたりする（分類する）こともできるでしょう。

　また，論説文の読解で，本文の読み取りのポイントとなる傍線部の記述の意味を説明するだけでなく，本文中の図表や引用の位置づけを説明させる（組織

化・構造化する），さらにはそのテクストが誰の立場から書かれたものかを記述させたり選択肢から選ばせたり（前提を問う）してもよいでしょう。

こうした概念枠組み（レンズ）を手がかりにしながら，何をめざしどんな生徒を育てたいのか，ゴールとなる学習成果を捉える目を磨くことが重要です。

診断力のある評価のために

指導や学びの改善につなげやすい評価であるためには，つまずきのパターンなどを意識しながら，診断力のある課題を設計できるとよいでしょう。学習者は身の回りの事象について，学校で教わる前から生活経験などをもとに自然発生的に知識（生活的概念，あるいは素朴概念）を構成しています。そして，生活的概念と，科学的知識の体系の習得によって形成される科学的概念との間には大きなギャップがあります。

たとえば，「電磁石」の授業の前に，豆電球が光っている時の電流の流れについて，イメージや説明を自由に記述させてみると，次のような素朴概念が出てきます。①両極から流れた電流が豆電球でぶつかって光るという説。＋極から流れ出た電流が－極に戻ることで光ると正しく認識しているようだが，豆電球通過後の電流について，②勢いが衰えたり使えなくなったりしていると考える説（図11，34頁）や，③違うものに変化していると考える説も出てきます。理科などでは特に，日常生活で形成しがちな素朴概念を想定しながら，それを単元の最初に診断的に描画法等で可視化し，それを組み替える働きかけを行ったうえで，単元末に同じ課題を行って，その概念変容と学びの成果を生徒自身にメタ認知させるような取組みもできるでしょう。

学習者のつまずきを予測して問い方を工夫するとは

つまずきが明らかになることで，評価問題の選択肢の数値の選び方も工夫できます。たとえば分数の意味を理解しているかどうかを評価するために，分数を小さなものから大きなものの順に並べさせる場合，選択肢は右の三つの分数の組み合わせのうちどれを選ぶべきでしょうか。分数の意味に関するつまずきのポイントを踏まえるなら，③を使うのが適切と判断されます。①では分子の数の大きさで分数の大小を判断するというつまずきを，②では1ピ

① $\frac{5}{8}$,	$\frac{1}{4}$,	$\frac{11}{16}$
② $\frac{5}{8}$,	$\frac{3}{4}$,	$\frac{1}{16}$
③ $\frac{5}{8}$,	$\frac{3}{4}$,	$\frac{11}{16}$

表 2. 思考の類型と問い方の工夫（Anderson and Krathwohl, 2001 で示されている目標分類学（「改訂版タキソノミー（Revised Bloom's Taxonomy）」）から「わかる」レベルに対応する思考の類型のみ抜粋した。カテゴリーの定義や例の一部は筆者が修正した）

理解する ―― 授業で伝達された内容（口頭で説明されたものも，書かれたものも，文章だけでなく図表も含む）から意味を構成する。	
解釈すること	ある表現形式（例：文章や数式）を別の形式（例：絵や図）に変えること。 （例：この文章で書かれた問題場面をわかりやすく図や絵で表現しなさい）
例示すること	ある概念や原理の例を挙げること。 （例：様々な美術の描画様式の例を示せ）
分類すること	ある物事があるカテゴリー（例：概念や原理）に属するかどうかを決めること。 （例：示された植物の種類を分類せよ）
要約すること	テクストや映像から主題や主な点を抽出すること。 （例：ビデオで描かれた出来事の短い要約を書け）
推論・予測すること	提示された情報から論理的結論を導出すること。 （例：示された表とグラフから読み取れる変化のパターンを推定せよ）
比較すること	二つの物事や考え方の間の対応関係を発見すること。 （例：大日本帝国憲法と日本国憲法を比較せよ）
説明すること	あるシステムの因果関係モデルを構成すること。 （例：世界恐慌の原因を説明せよ）
分析する ―― 事象やテクスト等を構成要素に分解し，部分同士がお互いにどのように関係しているか，部分が全体構造や目的とどう関係しているかを明らかにする。	
識別すること	提示された素材について，関連する部分とそうでない部分，重要な部分とそうでない部分とを区別すること。 （例：数学の文章題において関連する数字とそうでない数字とを識別せよ）
組織化・構造化すること	ある構造の中で要素がどのように適合し機能しているのかを決定すること。 （例：論説文に示されているそれぞれの図表が論証上どのような位置づけにあるか明らかにし，その図表が必要かどうか，あるいは，他に必要だと考えられる図表を示せ）
前提を問うこと	提示された素材の背後にある視点，偏見，価値，意図を決定すること。 （例：貧困問題について，論文の筆者の立場を同定せよ）

ースが小さいもののほうが小さいという具合に，分母の数の大きさだけで判断するつまずきを見落としてしまいます。これに対して③では，誤答のパターンによって，上記の二つのどちらのつまずきなのかを識別することができます。

問題を解くときに試される頭の働かせ方が重要

　図12の社会の評価問題は何を測っているのでしょうか。友達同士がテレビ電話をしているという状況設定がなされているので、「使える」レベルの課題と思うかもしれません。しかしこの問題は日の出の時間や気候などから北半球か南半球か、そして高緯度か赤道付近かを考えていくことで比較的定型的に解くことができます（適用問題）。ちなみに、123頁の課題は自然と人間の生活との関係を複合的に考察・推論するもので、一見類似していますが、より地理的な見方・考え方を働かせた思考を問うています。**問題場面等の表面的な特徴ではなく、試される思考過程にこそ目を向けることが肝要なのです。**

【問題】クリスマスの日の数日後に世界各地にいる友達同士でテレビ電話をして、もらったクリスマスプレゼントを紹介しあっています。会話の内容から下の地図上で3人がいる場所の組み合わせとして適切なものを選びなさい。

「クリスマスの日の日の出の時刻は午前5時40分ぐらいで、太陽が出ている時間は15時間以上あったよ。クリスマスプレゼントの箱を開けたら水着が入っていたので、家族で海水浴に出かけたよ。」
けん

「クリスマスの日の日の出の時刻は午前7時ぐらいで、太陽が出ている時間は12時間ぐらいだったな。私もクリスマスプレゼントは水着だったよ。私が住んでいる地域は1年中気温があまり変わらず温かいので、いつも海で泳げるよ。」
えり

「クリスマスの日の日の出の時刻は午前9時20分ぐらいで、太陽が出ている時間は6時間ぐらいだったよ。この時期は外で遊べる時間がすごく短いので、プレゼントにもらった本を、家の中でじっくり読んだよ。」
かず

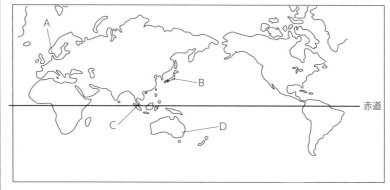

ア	けん…C	えり…B	かず…A		イ	けん…D	えり…A	かず…B
ウ	けん…D	えり…C	かず…A		エ	けん…C	えり…D	かず…A

図12. 知識の概念的な理解を問う評価問題（西岡裕彦先生（一般財団法人応用教育研究所）が作成）

何のための「パフォーマンス評価」か

　「思考・判断・表現」の評価は，「ペーパーテストのみならず，論述やレポートの作成，発表，グループでの話合い，作品の制作や表現等の多様な活動を取り入れたり，それらを集めたポートフォリオを活用したりするなど評価方法を工夫することが考えられる」（『報告』，8頁）とされており，「パフォーマンス評価（Performance Assessment：PA）」の有効性が示されています。

　PA とは，一般的には，思考する必然性のある場面（文脈）で生み出される学習者の振る舞いや作品（パフォーマンス）を手がかりに，概念の意味理解や知識・技能の総合的な活用力を質的に評価する方法です。それは狭義には，現実的で真実味のある場面を設定するなど，学習者の実力を試す評価課題（パフォーマンス課題）を設計し，それに対する活動のプロセスや成果物を評価する，「パフォーマンス課題に基づく評価」を意味します[*8]。

「生徒が一番力を発揮している場面」を評価するために

　テストをはじめ従来型の評価方法は，評価の方法とタイミングを固定して，そこから捉えられるもののみを評価してきました。これに対し PA は，課題，プロセス，ポートフォリオなどにおける表現を手がかりに，学習者が実力を発揮している場面に評価のタイミングや方法を合わせるものといえます。**深く豊かに思考する活動を生み出しつつ，その思考のプロセスや成果を表現する機会を盛り込み，思考の表現を質的エビデンスとして評価していくのが PA なのです**（授業や学習に埋め込まれた評価）。

　パフォーマンス課題の例としては，学校紹介 VTR に BGM を付ける音楽科の課題，電気自動車の設計図（電気回路）を考えて提案する理科の課題，地元で実際に活動している人たちとともに浜辺のごみを減らすためのアクションプ

ランを考案して地域住民に提案する社会科の課題などがあります。比較・関連づけや構造化など，特定の内容の習得・適用に関わる「わかる」レベルの思考力とは区別される，文脈に応じて複数の知識・技能を総合する「使える」レベルの思考力を試すのがパフォーマンス課題です（**表3**）。

表3. 学力の質的レベルに対応した各教科の課題例 (石井，2020b)

	国語	社会	数学	理科	英語
「知っている・できる」レベルの課題	漢字を読み書きする。 文章中の指示語の指す内容を答える。	歴史上の人名や出来事を答える。地形図を読み取る。	図形の名称を答える。 計算問題を解く。	酸素，二酸化炭素などの化学記号を答える。 計器の目盛りを読む。	単語を読み書きする。 文法事項を覚える。 定型的なやり取りをする。
「わかる」レベルの課題	論説文の段落同士の関係や主題を読み取る。 物語文の登場人物の心情をテクストの記述から想像する。	扇状地に果樹園が多い理由を説明する。 もし立法，行政，司法の三権が分立していなければ，どのような問題が起こるか予想する。	平行四辺形，台形，ひし形などの相互関係を図示する。 三平方の定理の適用題を解き，その解き方を説明する。	燃えているろうそくを集気びんの中に入れると炎がどうなるか予想し，そこで起こっている変化を絵で説明する。	教科書の本文で書かれている内容を把握し訳す。 設定された場面で，定型的な表現などを使って簡単な会話をする。
「使える」レベルの課題	特定の問題についての意見の異なる文章を読み比べ，それらをふまえながら自分の考えを論説文にまとめる。そして，それをグループで相互に検討し合う。	歴史上の出来事について，その経緯とさまざまな立場の声を紹介し，その意味を論評する歴史新聞を作成する。ハンバーガー店の店長になったつもりで，駅前のどこに出店すべきかを考えて，企画書にまとめる。	ある年の年末ジャンボ宝くじの当せん金と，1千万本当たりの当せん本数をもとに，この宝くじの当せん金の期待値を求める。教科書の問題の条件をいろいろと変えて発展的に問題をつくり，追究の過程と結果を数学新聞にまとめる。	クラスでバーベキューをするのに一斗缶をコンロにして火を起こそうとしているが，うまく燃え続けない。その理由を考えて，燃え続けるためにどうすればよいかを提案する。	まとまった英文を読んでポイントをつかみ，それに関する意見を英語で書いたり，クラスメートとディスカッションしたりする。 外国映画の一幕をグループで分担して演じ，発表会を行う。

※「使える」レベルの課題を考案する際には，E.FORUM スタンダード（http://e-forum.educ.kyoto-u.ac.jp/seika/ ）が参考になる。そこでは，各教科における中核的な目標とパフォーマンス課題例が整理されている。（編集部注：右の QR コードからウェブサイトを参照できます）

図 13 の課題とセットの表は，パフォーマンスの質（熟達度）を判断する評価指標（成功の度合いを示す 3〜5 段階程度の尺度と，各段階の認識や行為の質的特徴の記述語や典型的な作品例を示した評価基準表）で，ルーブリックと言います（ルーブリックの活用については 112 頁参照）。

パフォーマンス課題
映画『独裁者』最後の演説部分を，内容がよく伝わるように工夫して群読して下さい。聴き手はクラスメイトです。チャップリンは一人でこの演説をしていますが，みんなは 6 人で協力して演説の核心を表現できるように工夫して下さい。

ルーブリック

	5	4	3	2	1
内容理解・表情・声・アイコンタクト	内容を理解して，表情豊かにスピーチしている。内容がしっかりと聴き手の心に届いている。	内容を理解して，表情豊かにスピーチしている。しっかり聞こえる声である。	内容をほぼ理解してスピーチしていることが感じられる。	棒読みである。	いやいや読んでいるように聞こえる。
英語	子音の発音がすべて英語らしくできている。	子音の発音がほぼ英語らしくできている。	子音の発音が半分くらい英語らしくできている。	カタカナ読みであるが正確である。	子音の発音に間違いがある。
協力度	グループ内の一員としておおいに力を発揮している。	グループ内の一員として力を発揮している。	グループ内の一員として自分のところだけ頑張れている。	グループの足を引っ張っている。	協力の姿勢を示さない。

図 13. パフォーマンス課題とルーブリックの例（高校外国語）
（田中容子先生（もと京都府立園部高等学校）が作成）

パフォーマンス評価的なペーパーテストの作問の工夫

　「真正の学び」につながる「使える」レベルの思考も，作問を工夫することで，ペーパーテストでも部分的に問うことができます。全国学力・学習状況調査の「活用」問題や，それと同じ傾向の各都道府県の高校入試の問題，あるいは大学入学共通テストの問題などに，そうした作問の工夫を見出すことができます。また，大学の二次試験に見られる良質な論述問題は，大学人目線で見た玄人な問いが投げかけられ，「学問する」力を試すものとなっていることがあるでしょう。

たとえば，**図14**の広島県の高校入試問題は，初見の実験場面が提示され，対照実験の計画と，さらなる検証のための実験手順の立案という，理科の科学的探究のプロセスのポイントを設問で問うています。

---

[1] 生物部の真央さんは，メダカを飼育するために，美月さんと池へメダカを捕まえに行きました。2人が話をしながら池に近づいたところ，メダカが逃げていきました。次に示したものは，このときの会話の一部です。あとの1〜5に答えなさい。

> 真央：メダカが私たちに気付いて逃げちゃったね。私たちの①姿が見えたからだろうね。
> 美月：そうかもしれないけど，私たちの話し声が聞こえたからかもしれないよ。
> 真央：そうだね。でも，メダカなどの魚に目があるのは分かるけど耳があるようには見えないよ。②魚はどうやって音を聞いているのかな。
> 美月：ほんとね。あとで調べてみようよ。

　真央さんは，メダカを捕まえて，家で飼育し始めました。そして，右の図のように，粒状のえさを与えていたとき，メダカがこのえさに近づくのを見て，どうやってえさを認識するのか疑問に思い，調べてレポートにまとめて美月さんに見せました。次に示したものは，このレポートの一部です。

〔方法と結果〕

	Ⅰ	Ⅱ	Ⅲ
方法	えさをラップフィルムに包んで水面に落とした。	えさの入っていないラップフィルムを水面に落とした。	えさをすりつぶして水にとかした無色透明な液体をスポイトで水面に落とした。
結果	ラップフィルムに近づいてきた。	ラップフィルムに近づいてこなかった。	液体を落とした辺りに近づいてきた。

〔考察と結論〕

　〔方法と結果〕のⅠ〜Ⅲより，メダカが，えさを見て近づくことと，えさのにおいを感じて近づくことが分かった。したがって，メダカは，えさを視覚でも嗅覚でも認識すると考えられる。

　4　このレポートを見た美月さんは，〔考察と結論〕のうち，メダカがえさを嗅覚でも認識することは，この〔方法と結果〕からでは判断できないことに気付きました。そして，このことを判断するためには，追加の実験が必要であると真央さんに助言しました。追加の実験としてどのような方法が考えられますか。その方法と，その方法を行ったときの結果を，簡潔に書きなさい。

図14．思考過程を問う，理科の高校入試問題
（広島県教育委員会『平成30年度公立高等学校入学者選抜一般学力検査問題，理科』）

こなれた初見の実験場面を教師がすべて自分で考えることは難しいかもしれ
ませんが，**図 15**はどうでしょう。教科書でもおなじみの場面について知識的
なものに関わる実験結果を問うこと以上に，授業で科学的探究を大事にしてい
なければさらっと流してしまいがちな，ポイントとなる条件統制の手続きの意
味や，そこで検証したい仮説を問うています。教科書の教材の中に真正の思考
過程を見出し，そこにフォーカスして設問を工夫しているわけです。

　光合成の実験を計画して，実施しました。
　まず，3 本の試験管に BTB 溶液を入れて，試験管 A には
そのままゴム栓をして，試験管 B と C にはオオカナダモを入
れてからゴム栓をしました。さらに，試験管 B だけアルミは
くで完全におおいました。
　これらを直射日光に 20 分間当てたところ，試験管 C だけ
BTB 液の色が変化し，試験管 A と B は変化がありませんで
した。これについて，次の問いに答えなさい。

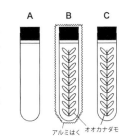

問 題
(1) BTB 溶液は，はじめは青色でした。試験管 3 本の BTB 溶液にとけこんでいる二酸化
　　炭素の量を全く同じにして実験するのに必要な操作方法だけを選んで，順に並べなさ
　　い。
　　ア　BTB 液を少量試験管に入れて栓をしてよく振る
　　イ　3 本の試験管に BTB 液を分ける
　　ウ　大きいビーカーに BTB 液を入れる
　　エ　BTB 液の色が黄緑色になったのを確認する
　　オ　ストローで BTB 液に少しずつ呼気を吹き込む
(2) なぜ試験管 A はオオカナダモを入れていないのに，わざわざ直射日光に当てたのです
　　か。理由を説明しなさい。
(3) 試験管 B は，どの試験管と結果を比べて，どういう仮説を証明する実験なのか説明し
　　なさい。
(4) BTB 溶液がはじめ黄緑色だったとき，試験管 C の BTB 溶液は何色に変化したでしょ
　　うか。理由とともに説明しなさい。

図 15. 思考過程を問う，理科のテスト問題（中学校）
（宇田川麻由先生（筑波大学附属駒場中・高等学校）が作成）

図16の神奈川県の高校入試問題は，形式としては短答式と選択式ですが，歴史と公民の知識を総合しながら，与えられたグラフや情報を関連づけ考察することで答えを導き出すものです。グラフの読み取りをもとに説明文部分を論述する課題にもアレンジできるでしょう。

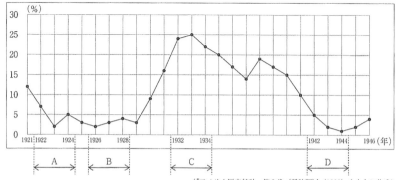

3　ニューヨークと世界のつながりについて

　20世紀前半，ウォール街の証券取引所で株価が暴落したことで恐慌が始まりました。次のグラフは，②その前後の時期のアメリカ合衆国における失業率の推移を示したものです。

グラフ

（『アメリカ歴史統計・第Ⅰ巻〈新装版〉』（1999）をもとに作成）

㈤　──線②に関して，グラフ中の時期におこったできごとについて説明した次のカード及びその説明文について，あとの各問いに答えなさい。

カード

　アメリカ合衆国では，テネシー川流域開発公社がつくられ，この公社の事業によって多くのダムが建設されました。公社とは，国家が出資してつくられた法人のことです。

説明文

　カードで説明された事業は，公共事業であり，　え　効果をもっています。
　この効果をふまえて考えると，この事業は，グラフ中の　お　の時期におこなわれたと考えることができます。

（i）　説明文中の　え　にあてはまる語句を，雇用の語を用いて4字以上8字以内で書きなさい。

（ii）　説明文中の　お　にあてはまる時期を，グラフ中のA～Dの中から一つ選び，その記号を書きなさい。

図16. 思考を問う高校入試問題・社会

（神奈川県教育委員会『令和2年度公立高等学校入学者選抜学力検査共通選抜全日制の課程，社会』）

大学入学共通テストに学ぶ，作問の工夫

　大学入学共通テストにも思考を問う工夫が見られます。たとえば**図17**は，ノイズを含んだ現実場面を数学的にモデル化し，三角比の表も手がかりにして推論・検証することが求められる問題になっています。

---

〔2〕　以下の問題を解答するにあたっては，必要に応じて41ページの三角比の表を用いてもよい。
　　　太郎さんと花子さんは，キャンプ場のガイドブックにある地図を見ながら，後のように話している。

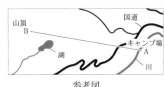

参考図

太郎：キャンプ場の地点Aから山頂Bを見上げる角度はどれくらいかな。

花子：地図アプリを使って，地点Aと山頂Bを含む断面図を調べたら，図1のようになったよ。
　　　点Cは，山頂Bから地点Aを通る水平面に下ろした垂線とその水平面との交点のことだよ。

大郎：図1の角度θは，AC，BCの長さを定規で測って，三角比の表を用いて調べたら16°だったよ。

花子：本当に16°なの？　図1の鉛直方向の縮尺と水平方向の縮尺は等しいのかな？

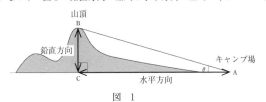

図　1

　図1のθはちょうど16°であったとする。しかし，図1の縮尺は，水平方向が$\dfrac{1}{100000}$であるのに対して，鉛直方向が$\dfrac{1}{25000}$であった。

　実際にキャンプ場の地点Aから山頂Bを見上げる角である$\angle BAC$を考えると，$\tan\angle BAC$は

$\boxed{\text{コ}}$ $\boxed{\text{サシス}}$ となる。したがって，$\angle BAC$の大きさは $\boxed{\text{セ}}$ 。ただし，目の高さは無視して考えるものとする。

$\boxed{\text{セ}}$ の解答群

⓪　3°より大きく4°より小さい	⑤　ちょうど49°である
①　ちょうど4°である	⑥　49°より大きく50°より小さい
②　4°より大きく5°より小さい	⑦　63°より大きく64°より小さい
③　ちょうど16°である	⑧　ちょうど64°である
④　48°より大きく49°より小さい	⑨　64°より大きく65°より小さい

図17.　思考を問う大学入試問題・数学

（独立行政法人大学入試センター『令和4年度共通テスト本試験（1月15日・16日），数学Ⅰ・数学A』）

図18の大学入学共通テストの物理の問題は，ダイヤモンドが様々な色で明るく輝くのはなぜかを探究するプロセスに沿って構成されています。まずは様々な色で輝く理由（光の分散のメカニズム）を分析し，問3においてガラスと比較しながら，明るく輝く理由を明らかにするものになっています。

　これらの問題では定性的な分析が重視され，複雑な計算の比重は下がり，むしろ求められている知識・技能自体はそれほど難しいものではなかったりします。「活用」問題的な問題作成のノウハウは着実に蓄積されてきており，そうした入試問題をパフォーマンス課題作成の手がかりにすることもできるでしょう*9。

図　1

　問3　つづいて，ダイヤモンドが明るく輝く理由を考えよう。

　　図4は，DE面上のある点Pから入射した単色光の光路の一部を示している。この光のDE面への入射角を i，AC面への入射角を θ_{AC}，BC面への入射角を θ_{BC} とする。

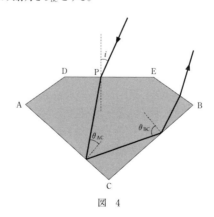

図　4

図18. 思考を問う大学入試問題・物理
（独立行政法人大学入試センター『令和3年度共通テスト（1月16日・17日），理科2　物理』）

図5は入射角 i に対する θ_{AC} と θ_{BC} の変化を示す。(a)はダイヤモンドの場合を示す。(b)は同じ形にカットしたガラスの場合を示し，記号に ′ をつけて区別する。入射角が $i = i_c$ のとき，θ_{AC} はダイヤモンドの臨界角と等しい。

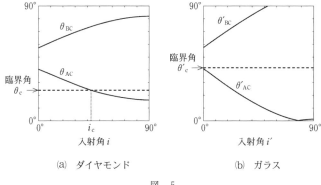

(a) ダイヤモンド　　(b) ガラス

図　5

図5を見て，次の文章中の空欄 | カ | ～ | ク | に入れる語句の組合せとして最も適当なものを，次ページの①～⑧のうちから一つ選べ。解答群中の「部分反射」は，境界面に入射した光の一部が反射し，残りの光は境界面を透過することを表す。| 20 |

光は，ダイヤモンドでは，$0° < i < i_c$ のとき 面AC で | カ | し，$i_c < i < 90°$ のとき面AC で | キ | する。ガラスでは，$0° < i' < 90°$ のとき面AC で | ク | する。ダイヤモンドでは，$0° < i < 90°$ のとき面BC で全反射する。ガラスでは，面BC に達した光は全反射する。

	カ	キ	ク
①	全反射	全反射	全反射
②	全反射	全反射	部分反射
③	全反射	部分反射	全反射
④	全反射	部分反射	部分反射
⑤	部分反射	全反射	全反射
⑥	部分反射	全反射	部分反射
⑦	部分反射	部分反射	全反射
⑧	部分反射	部分反射	部分反射

図18

Q11 「主体的に学習に取り組む態度」なんてどう評価するのか?

評価・評定の対象として意識すべきは「出口の情意」

　情意の中身を考える際には，学習を支える「入口の情意」（興味・関心・意欲など）と，学習を方向づける「出口の情意」（知的態度，思考の習慣，市民としての倫理・価値観など）とを区別してみるとよいでしょう。

　授業の前提条件となる「入口の情意」は教材の工夫や教師の働きかけで喚起するものであり，授業の目標として掲げ意識的に評価するものというよりは，授業過程で学び手の表情や教室の空気から感じるものも含めて，授業の進め方を調整する手がかりとなるものです。

　他方，教科の中身に即して形成される態度や行動の変容は「出口の情意」です。一言一言の言葉へのこだわり（国語），物事を多面的・多角的に捉えようとする態度（社会）や，条件を変えて考えてみたらどうなるかと発展的に問いを立てようとする態度（数学）など，知識や考える力とともに意識的に指導することで育んでいける教科の目標として位置づけうるものです。

「主体的に学習に取り組む態度」をどう評価するか

　「主体的に学習に取り組む態度」について，文部科学省『報告』では，「単に継続的な行動や積極的な発言等を行うなど，性格や行動面の傾向を評価するということではなく，（中略）知識及び技能を獲得したり，思考力，判断力，表現力等を身に付けたりするために，自らの学習状況を把握し，学習の進め方について試行錯誤するなど自らの学習を調整しながら，学ぼうとしているかどうかという意思的な側面を評価することが重要である」とされています。そしてそれは，①「粘り強い取組を行おうとする側面」，②粘り強い取組を行う中で「自らの学習を調整しようとする側面」，という二つの側面で捉えるとされています（図19）。

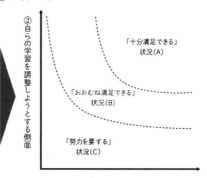

「主体的に学習に取り組む態度」の評価のイメージ

○「主体的に学習に取り組む態度」の評価については、①知識及び技能を獲得したり、思考力、判断力、表現力等を身に付けたりすることに向けた粘り強い取組を行おうとする側面と、②①の粘り強い取組を行う中で、自らの学習を調整しようとする側面、という二つの側面から評価することが求められる。

○これら①②の姿は実際の教科等の学びの中では別々ではなく相互に関わり合いながら立ち現れるものと考えられる。例えば、自らの学習を全く調整しようとせず粘り強く取り組み続ける姿や、粘り強さが全くない中で自らの学習を調整する姿は一般的ではない。

②自らの学習を調整しようとする側面

「十分満足できる」状況(A)

「おおむね満足できる」状況(B)

「努力を要する」状況(C)

①粘り強い取組を行おうとする側面

ここでの評価は、その学習の調整が「適切に行われるか」を必ずしも判断するものではなく、学習の調整が知識及び技能の習得などに結びついていない場合には、教師が学習の進め方を適切に指導することが求められます。

「自らの学習を調整しようとする側面」とは…

　自らの学習状況を把握し、学習の進め方について試行錯誤するなどの意思的な側面のことです。評価に当たっては、生徒が自らの理解の状況を振り返ることができるような発問の工夫をしたり、自らの考えを記述したり話し合ったりする場面、他者との協働を通じて自らの考えを相対化する場面を、単元や題材などの内容のまとまりの中で設けたりするなど、「主体的・対話的で深い学び」の視点からの授業改善を図る中で、適切に評価できるようにしていくことが重要です。

図19. 「主体的に学習に取り組む態度」の評価のイメージ（文部科学省国立教育政策研究所，2019c)）

　ここからは、単に継続的なやる気（側面①）を認め励ますだけでなく、教科の見方・考え方を働かせて教科として意味ある学びへの向かい方（側面②）ができているかどうかという、「出口の情意」を評価していく方向性が見て取れます。**がんばりの量（粘り強く試行錯誤すること）だけでなく、がんばりの質（反省的に工夫すること）が重要というわけです。**

　ただし、「主体的に学習に取り組む態度」をメタ認知的な自己調整として規定することの危険性は指摘しておきたいと思います。メタ認知や自己調整という言葉が一人歩きして、教科内容の学び深めと切り離された一般的な粘り強さや学習方略として捉えられると、ノートの取り方や学習計画などを評定対象とし、器用に段取りよく勉強できる子に加点するだけの評価となりかねません。もともと自己調整学習の考え方は、学び上手な学習者は自分の学習のかじ取りの仕方（メタ認知的な自己調整）が上手だし力の使い方が間違っていないといった、学習の効果における学びへの向かい方（学習方略やマインドセット）の

重要性を提起するものです。そこには効果的な勉強法のような側面と，思慮深く学び続ける力として捉えられる側面とが混在しています。

　目標として総括的評価の対象とすべきは後者（思慮深く学び続ける力）であり，各教科の目標に照らして，いわば教科の見方・考え方を働かせて学ぼうとしていることを重視する必要があります。

　前者（効果的な勉強法）は「入口の情意」に近いものです。ノートの取り方やポートフォリオ等による学びの前後の振り返りや自己評価の仕方といった基本的な学び方の指導の留意点（形成的評価）としておもに意識して，学びの基盤をつくる教科横断的な取組みとして展開されるべきでしょう。

タスクを充実させて「思考・判断・表現」と「主体的に学習に取り組む態度」とを一体的に評価していく

　『報告』では「主体的に学習に取り組む態度」のみを単体で取り出して評価することは適切でないとされており，「思考力・判断力・表現力」などと一体的に評価していく方針が示されています。

　問いと答えの間が長く試行錯誤のあるパフォーマンス課題（思考のみならず，粘り強く考える意欲や根拠に基づいて考えようとする知的態度なども自ずと要求される）を設計し，その過程と成果物を通して，「思考・判断・表現」と「主体的に学習に取り組む態度」の両方を評価するわけです。たとえば俳句について大人たちが楽しむのと同じように，句会を開き，互いに味わい合うことを通して，俳句を作り読み取る力（思考・判断・表現）を試します。**句を作る上でこだわって試行錯誤したり工夫したことを振り返りにまとめたりすることで，主体性を合わせて評価していくということが考えられるでしょう。**

　図 20 は，学校案内用のキャッチコピーを考える課題です（国語）。キャッチコピー，プレゼンテーション用の説明文，パフォーマンス課題への取組みの様子やその振り返りなどを材料に，ルーブリックを用いて，二つの観点を一体的に評価する計画です。文の組み立てや言葉選びや表現技巧といったキャッチコピー自体の質を「思考・判断・表現」の観点で捉え，その作成過程での試行錯誤や表現を練り上げようとする姿勢を，「主体的に学習に取り組む態度」の観点で捉えようとしています。

現代の国語

単元（題材）名：言葉がもつ力や働きを理解し，人の心を動かす表現を考えよう。【書くこと】

【パフォーマンス課題】
　あなたは，キャッチコピーライターです。コロナ禍の影響で中学生対象の学校説明会を開くことができなくなった○○高等学校から，学校案内の表紙に掲載するキャッチコピーを依頼されました。充実した高校生活を過ごしたいと考えている中学生やその保護者の心をつかむために，○○高等学校の魅力を簡潔に表した表現を考えなくてはなりません。
　○○高等学校のキャッチコピー及び校長先生へのプレゼンテーション用の説明を考えなさい。

【ルーブリック】

	A	B	C
② 思考・判断・表現	キャッチコピーを見た人が○○高等学校に興味・関心を抱き，入学したいと考えるような言葉を考え，文の組み立てや表記の仕方，表現技法等の優れた工夫を凝らしている。	キャッチコピーを見た人が○○高等学校に興味・関心をもつ言葉を考え，文の組み立てや表記の仕方，表現技法等の工夫を凝らしている。	キャッチコピーを見た人が○○高等学校に興味・関心を引く言葉を考え，文の組み立てや表記の仕方，表現技法等の工夫をしている。
③ 主体的に学習に取り組む態度	作品の完成に向けて，相手（中学生・保護者）や目的（○○高等学校の学校案内）に関する多くの情報を収集・整理・分類しながら，多面的に考察して，表現を練り上げようとしている。	作品の完成に向けて，相手（中学生・保護者）や目的（○○高等学校の学校案内）に関する情報を収集・整理・分類しながら，表現を選んで組み合わせようとしている。	作品の完成に向けて，相手（中学生・保護者）や目的（○○高等学校の学校案内）に関する情報を収集しながら，表現に結び付けようとしている。

図20.「主体的に学習に取り組む態度」を含む2観点を一体的に評価する課題
（広島県教育委員会高校教育指導課提供資料より）

一枚ポートフォリオを活用する

　図21は高校の国語の単元計画です。「日本文化における『かっこよさ』とは何か」という問いをもちつつ古典作品を読み比べます。評価は，レポートにまとめる課題を軸にしながら，単元前・中・後の学びの足跡を残し自己の変容を振り返るシート（一枚ポートフォリオ，53頁）を併用しています[*10]。

令和　3年度	単元設計シート			名前	
大阪府立泉大津高等学校	学年	2	科目		古典B

<table>
<tr><td rowspan="2">1
単
元
名</td><td colspan="5">単元（題材）名　　物語（二）</td></tr>
<tr><td colspan="5">※　学習指導要領との関連内容
(1)ウ　古典を読んで、人間、社会、自然などに対する思想や感情を的確にとらえ、ものの見方、感じ方、考え方を豊かにすること。</td></tr>
</table>

<table>
<tr><td rowspan="9">2
単
元
目
標</td><td colspan="3">単元（題材）目標</td></tr>
<tr><td colspan="3">　敬語の知識を用いながら、複雑な人間関係を整理して、物語の概要および登場人物の人物像や心情を的確に把握する。その上で、作品を粘り強く味わいながら、そこに現れる日本文化の中の価値観を、「かっこよさ」を焦点に分析して表現することができる。</td></tr>
<tr><td colspan="3" align="center">観点別評価規準</td></tr>
<tr><td>主体的に学習に取り組む態度</td><td>思考・判断・表現</td><td>知識・技能</td></tr>
<tr><td>・物語文学に興味関心を持ち、粘り強く作品を味わう中で作品の価値を見出そうとしている。</td><td>・登場人物の人物像・心情を的確に把握した上で、作品に現れる日本文化の中の価値観を考察し、表現することができている。</td><td>・敬語表現がどのように用いられているか、作品の文学的背景などを理解する中で、読みを深めることができている。</td></tr>
<tr><td colspan="2" align="center">【重点目標】（「見方・考え方」）</td><td align="center">【知識・スキル】</td></tr>
<tr><td colspan="2">「本質的な問い」
日本文化における「かっこよさ」とは何か？</td><td rowspan="3">・敬語表現
・係り結び
・音便
・貴族社会の人間関係に関する知識
・武具など合戦における知識
・歴史的文脈（中古）
・本文に出てくる語句の意味と読みの理解</td></tr>
<tr><td colspan="2">「永続的理解」
・大鏡・平家物語には道長・教経の豪胆な姿が描かれており、日本文化では盛りゆく栄華とともに散りゆく無常観にも味わいを感じている。</td></tr>
</table>

<table>
<tr><td rowspan="2">3
評
価
方
法</td><td align="center">【パフォーマンス課題】</td><td align="center">【その他の評価方法】</td></tr>
<tr><td>　日本文化における「かっこよさ」とは何か、あなたは日本文学の専門家として意見を投稿することになりました。今回読んだ『大鏡』に描かれる道長と『平家物語』に描かれる教経を根拠として用いて、四百〜五百字程度で説明してください。</td><td>・定期考査
・学びの地図（1枚ポートフォリオ）</td></tr>
</table>

図21.　一枚ポートフォリオを評価に活用する単元設計（国語）
（片畑友亮先生が作成。大阪府立泉大津高等学校『令和3年度単元の逆向き設計およびパフォーマンス課題・評価の試行実践事例集』より）

振り返りシートはおもに形成的評価として生かします。毎時間や一単元を通して学んだことを意識化させ，学び方や自己評価（メタ認知）を育てながら，総括的評価の材料は，できるだけパフォーマンス課題の遂行に関わる部分（取組みの質やさらに生まれてきた問い等）に絞っていくほうがよいでしょう。

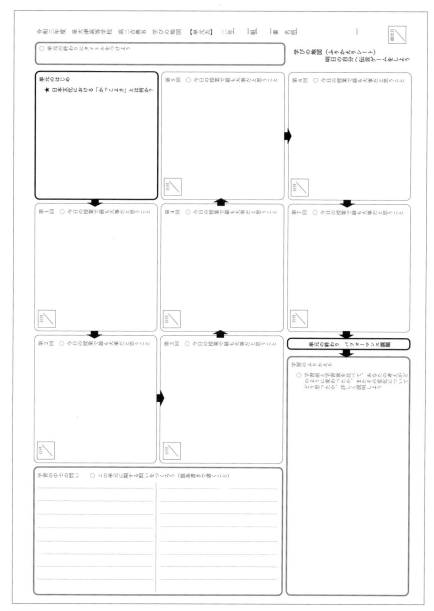

図21

教科を学ぶ意味に迫る「メタな問い」を用いる

　図22の高校地理歴史の単元では「江戸初期の貿易は盛んだったにもかかわらず，やがて鎖国に至ったのはなぜか？」という単元を貫く問いが設定されています。単元を貫く問いをもとにパフォーマンス課題に取り組ませつつ，単元内容に即した問い（島原の乱の真相は何だったのか）について根拠をもとに論理的に考えられている部分は，「思考・判断・表現」として評価します。その上で教科を学ぶ意味に関わるメタな問い（宗教弾圧を受ける条件は何か）について自分事として深く洞察できているかどうかを「主体的な学習に取り組む態度」として評価することが考えられるでしょう（**図22**）。

江戸初期の外交（6h）

**単元を貫くMQ：江戸初期の貿易は盛んだったにもかかわらず，
やがて鎖国に至ったのはなぜか？**

	授業のタイトル	学習活動
1	江戸時代初期の外交 (1h)	・幕府の宗教統制（神道・仏教・キリスト教）の諸相について理解する。 ・オランダ・イギリス・スペイン・ポルトガルとの交流を中心に積極的だった江戸初期の貿易と外交を認識する。 〈KP法による概説〉 [ワークシートの整理] 【禁教と寺社】【江戸時代初期の外交】
2	島原の乱 (2h)	・島原の乱に関連し，かつ立場の違う三つの史・資料をジグソー活動で深め，島原の乱の真実に迫る。 〈KP法による概説〉〈看図アプローチ〉〈問いの発出〉 [ジグソー活動] [リフレクションシートの記入] 【禁教と寺社】【鎖国政策】
3	鎖国政策 (1h)	・朱印船→禁教令→奉書船→島原の乱→鎖国の完成の流れを，寛永の鎖国令との関連で整理する。 ・長崎貿易について，対オランダ・中国（明→清）との貿易制限について整理する。 〈KP法による概説〉[ワークシートの整理] 【鎖国政策】【長崎貿易】
4	4つの口と外交 (1h)	対馬（→朝鮮）　・松前（→アイヌ）　・薩摩（→琉球）　・長崎（→中国・オランダ）の4つの口で何が起きていたかを，ジグソー活動で深め，知識を統合して幕府の外交体制を考える。 [ジグソー活動] [ワークシートの整理] 【朝鮮と琉球・蝦夷地】
5	リフレクション (1h)	単元を貫く問いに対する答えを各自で記述し，クラスで共有しながら深める。 [ミニ・ホワイトボードによる共有] [リフレクションシートの記入]

※【　】は教科書上の小単元，〈　〉は教師の活動，[　]は生徒の活動。

図22.「メタな問い」を機能させる単元計画の例 (前川, 2022)

試行錯誤の過程を加点的に評価する

　美術・技術系や探究的な学びでしばしばなされるように，その時点の成果や結果とともに，そこに至る試行錯誤の過程で見せた粘り，あるいは筋（センス）のよさにその生徒の伸び代を見出し，評価するという具合です。結果にすぐにはつながらなくても泥臭く誠実に熟考する生徒も含めて，教科として意味ある学びへの向かい方を加点的に評価していく方向性がよいでしょう。これまで情意領域の評定，特に「平常点」的なものが残存してきた背景に，しんどい生徒たちを少しでも認めていきたいという教師たちの想いも関係しているように思います。しかし，その良心も判定・評定という文脈では，管理的なものとして機能することがあります。少しでもわかる，できるようになることを支援する責務を果たすことこそが，生徒たちのがんばりに報いることになるでしょう。

　学校の実態によって柔軟な運用も必要とは思いますが，表4で示したように，できる限り「出口の情意」の方向で態度観点を捉え，テスト（知識の再生）と平常点（日々のがんばり）による評価の構造から，**タスクを充実させることで，パフォーマンス評価を軸に，「思考・判断・表現」と「主体的に学習に取り組む態度」とを一体的に評価する形へと組み替えていくことが求められます。**

表4. 「思考・判断・表現」と「主体的に学習に取り組む態度」の一体的評価へ（筆者作成）

	知能・技能	思考・判断・表現	主体的に学習に取り組む態度
授業態度寄り（平常点的な主体性）	定期考査	定期考査，ワークシート	出席，ノート，提出物
学習への取組みと変容（学び方的な主体性）	定期考査，単元テスト	定期考査，パフォーマンス課題	学びの振り返りとプレポスト比較（一枚ポートフォリオ的）
パフォーマンス課題での試行錯誤（試行錯誤・工夫的な主体性）	定期考査，単元テスト	定期考査，パフォーマンス課題 （課題に対する思考の質：（例）作成された文章の論理構成や説得力） （単元内容に即した問いと思考：（例）「島原の乱の真相は何だったのか？」）	パフォーマンス課題，課題への取組みの振り返り （課題への向き合い方：（例）表現や論述において工夫した点やこだわった点の振り返り） （学びの意味に関わるメタな問いと思考：（例）「宗教が弾圧を受ける条件は何か？」）
パフォーマンス課題からの学び超え（課題発見的・探究的な主体性）	定期考査，単元テスト	定期考査，パフォーマンス課題	パフォーマンス課題からの発展的な問いや学びの意味に関するレポート（学んだことを生かそうとする，自分事として捉えようとする，新たに問いを立てようとする）

※下に行くほど，より出口の情意を対象とするものになっている

情意領域の評価における問題点とは?

情意領域の評価の問題点

　旧観点「関心・意欲・態度」の評価は，多くの場合，取組みの積極性や努力度やまじめさ（授業態度）を対象としており，主観的にならないようにと，教師は証拠集めに追われがちでした。いっぽう，生徒からすると，テストの点数が良くても授業態度が悪いと良い成績をもらえないので，やる気をアピールし，器用にふるまえる子が得をするといった具合に，評価が管理的な機能を果たしてきました。そして保護者は，評定や内申点に不透明性や不公平感を感じ，学校に不信を抱くといった問題も生じているように思います。

　情意に関わる目標，特に性向（ある状況において自ずと特定の思考や行動を取ってしまう傾向性や態度）や人間性といった価値規範，道徳的価値に関わるものはプライベートな性格が強く，それらを評価することは価値や生き方の押しつけに陥ることが危惧されます。これに対して，物事を鵜呑みにせずに批判的に思考しようとする態度（思考の習慣）などの認知的価値は，認知目標の実現と密接に関わりかつ指導可能な部分を評価の対象とすることは考えられます。その際も，「評価」と「評定」を区別して議論することが重要です。

　情意領域は目標として掲げて「評価」はしても，「評定」（成績づけ）することには慎重であるべきです。審議過程で様々に議論がありましたが新指導要録にも態度観点が残り，ABC で評定する形となりました。ただし資質・能力の三つの柱のうち，「学びに向かう力・人間性等」の「人間性等」に相当する「感性・思いやりなど」は観点別評価でなく個人内評価の対象となりました。このような原則を念頭におくなら，「**主体的に学習に取り組む態度**」を「**思考・判断・表現**」と一体のものとして，学びの先に生まれる「**出口の情意**」として，メタ認知や思考の習慣などの準認知目標として捉えていくとともに，形成的評価と評定を区別して「指導の評価化」に陥らないようにすることが肝要です。

自律的な学びを支える「主体性」を真に育むために

　「主体性」と一言でいっても，そこにはレベルの違いがあり，図23のようなグラデーションで捉えておくとよいでしょう。学びの入口において対象への関心も薄く表面的に参加している段階から，「面白そう」と興味・関心をもって食いつきはじめ，そのうちに対象世界に没入し，自ずと試行錯誤や工夫を始めます。対象と深く対話し学習への関与が高まることで，授業や学校の外の生活における関心の幅が広がったり，学んだ内容が眼鏡（レンズ）となり考え方が思考の習慣になっていったりと，学校で学んだ先に生徒たちは教科等の世界に参画し学び始めます。「総合的な学習（探究）の時間」や課題研究では，自分は何を学びたいのか，何をやりたいのかと，学び関与する対象，主題，問い，領域を自分で設定したりすることで，自己との対話を深め，学校外の世界のホンモノの問題や活動や人と出会ったりもします。そうして視座が上がり自分の軸が形成され，学習者は自らの学びや人生の主人公になっていきます。さらに，特別活動などを通して自治的な集団活動などを経験して，目の前の現実を自分たちでつくり変えていける実感と力量を高めていきます。このように「主体性」は学校カリキュラム全体で育まれていくものであり，教科学習でおもに担える範囲を明確にしつつ，その範囲内において，より「出口の情意」にフォーカスして考えていくことが重要なのです。

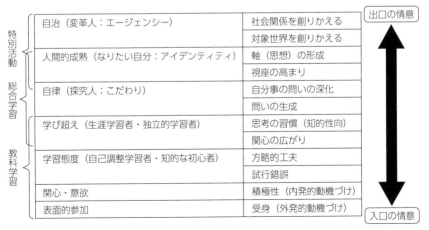

図23.「主体的」のタキソノミー（学びや活動への関与と所有権の拡大のグラデーション）
　　（筆者作成）

　観点別評価ではしばしば三つの観点の割合が問題となります。1：1：1にするか，2：2：1にするかといった具合です。この問題は本質的には，日々どのような授業をしているかによって決まるものです。一方通行の講義式の授業がほとんどなら，「知識，技能」の観点が8割といった形になるのが筋です。育てていないものは評価も可視化もできません。まず現状の授業なら観点の割合はどうなりそうかを考えてみる。あるいは先述の学力の3層構造や目標分類学を枠組みに，定期テストや評価課題が何を測っているか，それが測っている学力の質はどのレベルのものかを分類してみてもよいでしょう。現状は「知識・技能」がほとんどであれば，その上で，学校として目指したい授業と学びの中身を議論しながら，3観点の割合を考えていくことが重要です。評価で問われているのは授業と学びの中身であって，評価は授業の実態を映し出す鏡なのです。

　ここで，筆者自身が行った大学の授業での経験を述べたいと思います。それは教職課程の授業で，200名ほどの大人数の授業でした。そして問いや学習課題を提示し，各人に考えさせグループで交流・議論させた上で，いくつかのグループの意見等を全体で共有して掘り下げつつ，最後の30分程度でまとめ的に体系的な説明を加えるといった具合に，いわゆるアクティブ・ラーニングのような形の授業でした。

　ただ，大人数であり，教職課程で押さえるべき内容の定着も重視したい科目であったので，ペーパーテストの形式で総括的評価を実施しました。知識や専門タームを問うこと以上に，概念の意味を説明させる記述問題や，実践的な場面を提示しそこでの判断を記させるような，まとまった論述問題も含めてはいました。

　しかし，テストの感想を記述してもらう欄に書かれていた一人の学生のコメントには次のように書かれていました。「このテストは先生の授業と合っていません。」学生の意図はわかりませんが，要は論点を深め議論する授業をしているのだから，レポートなりで評価するのが妥当であろうということです。授業と評価の関係についての核心を突く意見でした。まさに「評価は授業の鏡」であるということを意識した出来事です。

　今後，主体的・対話的で深い学びが多くの教室で展開されることで，そしてそれが生徒たちにとって真に魅力的な授業となり主体性も育ってくることで，生徒たち自身が評価の改善を求める声を上げるようになるかもしれません。観点別評価をきっかけに学校としてめざす生徒の姿や授業のあり方を議論し，その姿をめざしながら目標と評価を意識した実践を，教職員集団で協働的に積み重ねていくことで，生徒の姿で勝負できる学校になっていくのです。

第 3 章

授業や評価の軸となる
目標とは

Q13 そもそも目標を明確にするとはどういうことか？

「教育目標」として意識すべきものは何か

　評価は目標の明確化と一体的に考える必要があります。「ねがい」「ねらい」「めあて」はどのように違うでしょうか。「ねがい」（教育目的）は学校教育目標や学級目標（めざす生徒像）のように，学校教育全体を通じてめざし続ける教育理念や方向性を表現する言葉です（例：「生きる力を育む」「自分の考えを自信をもって発表できる生徒を育てる」）。いっぽう「ねらい」（教育目標）は，単元・授業で生徒に習得させたい内容や育てたい能力やその到達点を指します（例：「三平方の定理の意味がわかる」「自分の考え方を線分図を使って説明できる」）。そして，生徒が意識するものが「めあて」（学習目標）です。

　教育において「ねがい」や「ねらい」は，教材や学習活動を選択したり，実践された授業の成果を評価したりする規準となります。たとえば「答えの理由を考えようとする生徒を育てたい」といった「ねがい」は，それだけでは教育活動の直接的な指針とはなりません。**「ねがい」としてもっている学習者像や方向性を常にめざしながら，日々の授業では個別の指導内容に即して「ねらい」を明確にする必要があります。**

「ねらい」が明確でないことの問題点

　指導案や授業シラバスには様々な形で授業の目標が記されていますが，それらが真に目標と呼ぶべきものであるとは限りません。たとえば「ゴム栓は水に浮くか沈むかを考える」は，授業の目標でしょうか。目標として意識すべきは「浮力」という概念の理解です。軽くて水に沈みそうもないゴム栓が水に沈むという現象は，「浮力」を理解するための素材（教材）なのです。ですから，**「この素材や活動を通じて何をつかませたいのか」「このテスト問題でどんな力を見たいのか」**と問うてみることが，目標を自覚する第一歩となります。

また「五角形の内角の和の求め方がわかる」は，授業で追求すべき目標でしょうか。「五角形の内角の和は，三角形の内角の和（180度）三つ分で540度である」は知っておいたほうがよいことかもしれませんが，それ以上に生徒につかませるべきは「多角形の内角の和の求め方」（三角形に分割することでどんな多角形の内角の和も求めることができる）でしょう。同様に考えると，国語において『羅生門』などの特定の物語の解釈を深めることだけでなく，「視点移動により登場人物の心情を理解する」といった読み方のスキルを目標として意識することが必要だとわかるでしょう。**その授業で示された課題を解決することにとどまらず，ほかの課題を解決するときにも生かせる教訓やポイントこそが，追求すべき目標なのです。**

　上記のような意味で目標が明確に認識・吟味されていない場合，教育実践は生徒たちによる活発な活動のみがあって知的な学びが成立していない活動主義的傾向や，教科書の内容をただなぞるだけの網羅主義的傾向に陥るでしょう。また，生徒の側で意識する「めあて」（例：作品を演じよう）が示されても，教師の側でもっておくべき「ねらい」（例：作品の登場人物の心情を理解する）は別で，そちらが明確になっていないことも多いように思います。

出口の生徒の姿をイメージする

　教育目標は，それが指導と評価の指針となるために，実践の出口の生徒の姿（（教師の側で）意図された学習成果（intended learning outcomes））として具体的にイメージされていなければなりません。授業の最後に生徒がどうなっていたら（新たに何ができるようになったら，もともとの見方・考え方がどう変わったら，行動や態度がどう変わったら）その授業は成功といえるのかを実践に先だって考えるわけです。

　「オームの法則（内容）を理解する（行動・認知過程）」といった具合に，一般に教育目標は「何を教えるか」（名詞で記される内容）のみならず，「教えた内容を学習者がどう学び，何ができるようになるか」（動詞で記される行動・認知過程）もあわせて記述されます。妥当性（評価したいものが評価できているか）の高い評価のためには，**その課題に取り組むことで生徒がどのように頭を働かせることになるかを吟味することが不可欠です。**

動詞を意識して「ねらい」の解像度を高める

　試される動詞の違いが評価課題が試す学力の質の違いを規定するのであって，目標分類学（タキソノミー）や学力の３層構造（学力モデル）はこの動詞部分（行動・認知過程・能力）を分類するものです。**図24**のように目標分類の様々なモデルはおおよそ３層構造で，全国学力・学習状況調査の「活用」問題などにも影響を与えたPISA型読解力も「情報の取り出し」「解釈」「熟考・評価」の３層で捉えられます。観点別評価の観点も基本的に能力観点です。

　以上のようにそもそも真に「ねらい」とすべきものをめざせているか，そして，**学力の質に応じて適した評価方法を用いているかを問うことが肝要です。**その上で，「知識・技能」の評価の部分で示したように，目標分類学の下位カテゴリーに示されているような動詞を生かして問い方を工夫したり（**表2**，37頁），「理解できた」状態の頭の中（知識のマップやイメージ）やふるまい（発言内容や行動の変化），「うまくできる」というときの「うまい」と言えるポイントを生徒の姿でより具体的にイメージしたりすることで，学びを見る眼や評価の解像度を上げていくことができるでしょう。

教育目標設定の枠組みに見る学力の質的レベル

①「改訂版タキソノミー（Revised Bloom's Taxonomy）」の枠組み（Anderson and Krathwohl, 2001）

知識次元	認知過程次元					
	1.記憶する	2.理解する	3.適用する	4.分析する	5.評価する	6.創造する
A. 事実的知識						
B. 概念的知識						
C. 手続的知識						
D. メタ認知的知識						

③「知識の構造」の枠組み（McTighe and Wiggins, 2004, p.65の図からそれぞれの知識のタイプに関する定義や説明を省いて簡略化した。）

事実的知識 Knowledge	個別的スキル Skills
転移可能な概念	複合的プロセス
原理と一般化 Understanding	

②「学習の次元（Dimensions of Learning）」の枠組み（Marzano, 1992）

図24. 目標分類の様々なモデル（筆者作成）

Q14 評価者への信頼感，評価への納得感をどう高めるか？

形成的評価は「妥当性」，総括的評価は「信頼性」を重視

　「妥当性」とは評価したいものが評価できているかを問うものであり，「信頼性」とは評価結果が一貫・安定しているという具合に，評価の正確性（繰り返しても同じ結果）や客観性（誰がやっても同じ結果）を問うものです。テスト問題や評価課題の作成時には，この両面を考慮する必要があります。たとえば多肢選択テストは誰が採点しても同じ点数になるので「信頼性」（客観性）が高いですが，めざす学力の一部しか評価できず「妥当性」は不十分な傾向があります。他方，パフォーマンス評価は評価の「妥当性」は担保されやすいですが，「信頼性」が課題となります。また，**総括的評価においては「信頼性」が考慮されねばなりませんが，形成的評価では「妥当性」が優先されます。**

　教育評価研究では，「信頼性」の追求が自己目的化しがちな状況（テスト（測りやすさ）のための授業）に対して，何のための評価なのか（評価の目的や妥当性）を問うことが繰り返し強調されてきました。**目標準拠評価は「妥当性」を重視するものであり，その信頼性・客観性は教育目標と評価規準・基準**[*11]**を明確に設定した上で，それらに基づいて評価方法を設計するとともに，それらを教師間，学校間で共有していくことによってこそ可能になります。**

評価において「カリキュラム適合性」と「比較可能性」を意識する

　国際的に「使える」レベルの思考などの高次の学力が重視される中で，妥当性は「カリキュラム適合性」（評価計画がカリキュラムで設定されている目標群に適切に対応するものとなっているか）として，信頼性は「比較可能性」（評価者が評価基準を共通理解し，同じ採点規則に従うことによって，評価の一貫性が確保されているか）として捉え直されています。**テスト問題の作り方も，カリキュラムや授業で大事にしてきたこと，学校として大事にしたいこと**

を測れるものになっているかを吟味することがより求められています。

相互了解や合意形成を通して「納得可能性」を高める

評定の信頼性・客観性の問題は，生徒，保護者，市民の評価結果への信用・納得を社会的に作っていくことと深く関わっています。学習評価に関していえば，評価の当事者間の「納得可能性」の問題と捉えることが肝要です。

レポートや作品やパフォーマンスの評価が大きく分かれた場合に，評価者間で「どう判断したの？」「私は5と思うけど，なぜあなたは2を付けたの？」と話し合いをして，「ああそういうことね」「大事にしている部分が違うのね」とわかって，「じゃあやっぱりこっちに合わせようか」などと相互了解や合意形成を行う。これを「モデレーション」（評価結果の調整）や「キャリブレーション」（ものさしの調整）などといいます。その際，評価基準表の文言だけで議論していては話がかみ合わないことが多いですが，実例を見ながら話をすると合意に至りやすいでしょう。

さらにいえば，生徒たちと「ものさし」や「見る目」を共有していたならば，教師の評価と大きくずれることもなく，生徒が自分で評価結果を判断できるようにもなるでしょう。当事者間で解釈・判断をすり合わせていく間主観性を軸に考えていくことが重要です。

目標や評価手順やものさしを共有しながら「納得の評価」をめざす

観点別評価（分析評定）から総合評定への総括に関わって，『報告』では，3観点の評価の結果が，「CCA」や「AAC」といったばらつきが出ることは基本的にはないとしています[*12]。また単元ごとに素点や評定を積み上げて合算して求めるのかどうかなど，総括の具体的な手順は基本的に現場の裁量にゆだねられています。**こうした総括のルールなどを事前に生徒や保護者と共有しておくことは重要です**[*13]。それ以上に，それをうまくやり遂げられれば「主体的に学習に取り組む態度」の観点もAだろうし，それでその教科の総合評定で5か4を付けても，教師も生徒も納得できるような，そうした総括的で挑戦的な課題づくりがなされていること，および課題への取組（パフォーマンス）を評価する目が生徒自身に育っていることが，評価に関わる当事者間の間主観的な合意と納得，相互信頼を生み出すのです。

Q15 目標に準拠しつつ 目標にとらわれない評価とは?

目標に準拠しつつ目標にとらわれない評価へ

目標に準拠した評価に対しては,教師があらかじめ立てた目標に追い込み授業展開の柔軟性や生徒の主体性を損なう,一律の目標を押しつけるもので生徒一人一人の具体的で個性的な学びに目が向かなくなる,という批判もあります。そこで,目標に準拠した評価を重視する一方で,「ゴール・フリー評価」(目標にとらわれない評価)を考慮することが有効です＊14。

ゴール・フリーといっても,目標をまったく設定しないということではありません。事前の目標や計画の枠内で教育活動や評価を行うのではなく,教師の意図から外れたものも含め,実際に生徒たちが何をどう学んだのか(学びの履歴)を解釈・判断していくことを重視するものです。たとえば生徒に今日の授業で何を学んだか,何が印象に残っているかを尋ねると,教師の意図と生徒の受け止めとのずれが見え,実践の見直しにつながることがあるでしょう。

目標に準拠した評価を強調することは,教師が設定した目標に向けて生徒たちを追い込んでいくことでは必ずしもありません。教育には常に教育者の意図をはみ出す部分が存在し,教育目標は単元や授業を設計する際の仮説や見通しと捉えるべきです。目標や計画なき実践は盲目的ですが,計画は具体的かつち密に計画すること(イメージトレーニング)自体に意味があるのであって,目標に準拠しつつ目標にとらわれない評価を志向することが有効です。

短期的な小さなねらいの先に長期的な大きなねらいやねがいを意識する

目標の明確化が授業の硬直化に陥るのは,多くの場合,個別的で短期的な目標(小さなねらい)にとらわれているからです。「ここさえ押さえておけばどの問題も同じように解ける」という勘所(原理)を押さえる発想があれば,授業において生徒の学びに合わせて内容の取り扱い方に軽重を付けたり,臨機応

変に流れを変えたりすることもできるでしょう。

　たとえば，『竹取物語』を読むにはまず仮名遣いを教えて，次に単語を押さえて……と基礎を一つ一つ積み上げていく展開で，ましてや毎回本時で定着させきろうと考えると，肝心の作品を味わう前に生徒たちの意欲は低下してしまいます。仮名遣いなどは繰り返し触れていく中で定着する部分もありますし，そもそも文脈や目的意識と離れて押さえた基礎はその後の本文の読み取りに生かされないことがほとんどです。この一節を訳すことの先に「古文を読めるようになること」を見据え，**本時の目標と並行して，よりメタで概括的な内容（大きなねらい）を意識し，1時間を単元やより長いスパンの学びの通過点として考えることが肝要です。**

一人一人の生徒たちの学びと成長を物語る

　図25に示した生徒の変容は目標の達成や学力の向上という一言では語れません。授業者であった田中容子先生は図26のように，マリの変容を振り返っています。評価・評定の裏に固有名の生徒たちの学びのドラマに出会い，見取り語れることは教師の力量の核心であり，教職の魅力でもあるでしょう。

◎「近くにあったら良いと思うものを書きなさい」
　can shopping（ママ。高校二年七月）
◎「あなたの大切なものを書きなさい」
　I like music. Music is important. My favorit music is J-pop. I like wating DVD. DVD is important. My faviorite DVD is monie and music and Live. I like wating movie. movie is important. watching movie is fun. I like window shoping. window shopping is fun. I like travering. something to car train.　（ママ。高校三年七月）

図25. マリの英語作品例：学校実施GTEC答案から（田中, 2022）

　入学直後の授業から，話しかけても名前を呼んでも全く反応してくれず，毎授業の初めに行う復習小テストも毎回白紙であった。生徒たちをファーストネームで呼ぶ私に，マリの白紙の小テストが余白に「ナマエデヨブナ」と殴り書きされて戻ってきた。(中略) 白紙の小テストに殴り書きされていたSMAPの文字から，「マリはSMAPのファンらしい」という気づきを得てそんなマリにアプローチするきっかけをつかむことができたのは，入学後一か月ほど経過した頃だった。(中略) マリは2年生で就職コースに進んだ。(中略)「自分のことで「I have a dream that ＿＿.を書く」という表現課題に取り組んだ。「夢なんかない」という声もあったが，「ささやかな希望を書こうよ」と励まし，表現したいけれども単語がわからないときはどんどん質問させて教え，実際に生徒たちが持っているささやかな夢を英語にしていった。(中略) じっくりと納得して読み取り，理解して英語を使う表現活動を重ねる中にマリの姿もあった。資料2に見られる2年次と3年次における一斉テストでのマリの作品の変化から，英語の授業に対するマリの嫌悪感が少し和らいでいる気がしている。

図26. 田中容子先生によるマリの学びの変容の記述（出典は上図に同じ）

Q16 観点別評価をカリキュラム・マネジメントにつなげるには？

カリキュラム・マネジメントとは

　観点別評価のみならずICT活用など新たに対応すべきものが様々にあり，現場はいっぱいいっぱいになりがちです。それらを別々に扱うのではなく相互に有機的に関連づけながら，生徒たちの学びと成長，そして教師たちの学びと成長や学校の組織としての成長につなげていくことが肝要です。

　現場では，「主体的・対話的で深い学び」など授業改善への注目度は高いものです。ただし，特定の型を求める技術主義や教師個人レベルでの取組みになってはいないでしょうか。こうした傾向を是正するうえで，カリキュラム・マネジメントを意識することが有効です[15]。

　カリキュラム・マネジメントは目標・指導・評価の一貫性を問い，目標実現に向けて学校や教師集団がチームとして，教科の枠も超えて，協働的・組織的に実践と改善に取り組むことを提起するものです。教師個人レベルの授業改善が進むことが必ずしも，学校改善や生徒の学びの充実につながるとは限りません。教師によって生徒が態度を変えているような状況は，学校として崩れにくい安定した状況とはいえません。**「この先生の授業（だけ）は信頼できる」ではなく，「この学校の授業は信頼できる」という，学校の授業に対する面の信頼の構築が肝要です。**

　授業の質は，教師同士が学び合いともに挑戦し続けるような同僚性と組織文化があるかどうかに大きく規定されます。すぐれた教師がたくさんいる学校がよい学校では必ずしもなく，その学校にいるとふつうの教師が生き生きとしてすぐれた教師に見えてくるような学校がよい学校なのです。そして，学校の様々な次元の社会関係資本（つながりの力）や組織力の高まりを土台として，生徒たちの学力や学びの質は高まっていくのです。

ヴィジョンドリブンの内発的な改革へ

　一過性の改革でなく持続的な授業改善・学校改善につなげていくためには，「ヴィジョンの対話的共有」と「教師たちが本業で協働し対話する場づくり」の両輪によって**教師集団が目の前の生徒たちの学びにチームとして責任を引き受け，協働で授業改善に取り組むシステムと文化の構築につなげていくことが肝要です**（面の授業改善）。まずは資質・能力ベースの改革をきっかけに，教師たちが生徒や学校の実態や課題について話し合い，「目の前の生徒たちの課題はどこにあるか」「自分たちの学校ではどんな生徒を育てたいか」「目の前の生徒たちに必要な学びや授業はどのようなものか」「授業づくりで何（どんなコンセプト）を大事にしていきたいか」を問い，改革のゴール・イメージとしての学校教育目標（めざす生徒の姿によって語られ学校全体で追求され続けるべき改革のヴィジョン）を共有する営みにつなげます。アクティブ・ラーニングやICT活用など手法から入ると教職員の間に抵抗も大きくなりますが，生徒の実態から始めると方向性が共有されやすいものです。

　学校の自己評価に裏づけられた協働的な目標づくりにより実践の基本的な方向性や目標を共有する一方で，それぞれの教師の実践哲学や授業スタイルを生かした創意工夫を尊重し，新たな実践の提案を期待するわけです。目の前の生徒たちに必要なことという観点で教師の間で取組みの視線やマインドセットをそろえた上で，新しい取組みのよさを頭で理解するだけでなく実際にその方向で取組みを進めてみて生徒の変化や育ちを感じたときに教師は取組みの意味を実感し，実践は変わっていきます。学校改革は生徒の姿が駆動するものです。

生徒の姿（実態）から対話的にゴールをイメージし共有・追求していく

　生徒の姿をもとに教師同士が学び合う場として，授業研究を生かしていきます。たとえば授業後の協議会の議論は，PDCAサイクル（成果や方法へと急ぐシングル・ループの評価的思考・技術的省察）や，逆にエピソード的理解（学びの多様性やプロセスの一回性を掘り下げる解釈的思考）を大事にする以上に，めざす生徒像について実践を通して探り確認し続ける視点（価値追求的思考）をもって，生徒の学びのプロセスや授業という営みの本質に関する理解や信念（観）を研究的に深める（ダブル・ループの実践的・批判的省察）ことが

重要です。ヴィジョンは常に実践の中で確認され共有され理解し直され続けるものであって，ヴィジョン（めざす生徒像の明確化）に始まりヴィジョンに戻る（めざす生徒像自体の理解の深化や見直しにつなげる）ことが肝要です。

ヴィジョンドリブンの学校づくりは，アクター同士が向き合って対峙する二項関係ではなく，教育活動の目的であり対象である生徒たちの学びと生活の事実を共にまなざす応答的な三項関係（カウンター横並び関係・共同注視）を構築していく営みでもあります。**生徒の姿（実態）から対話的にゴールをイメージし共有・追求していく営みを通して，教師集団，そして保護者や地域住民等も含めた，学校に関与する様々なアクターの間に，生徒たちの学びをともに見守る共同注視の関係性を構築する。**これにより，それぞれのアクターの責任の範囲と役割分担を，機械的分業に陥らせず，相互浸透を含んで有機的に組織化し，共有ヴィジョンと協働的に応答責任を担う機動性のあるネットワークや学び合う組織の創出につなげていけるでしょう。改革への表面的な対処としての評価計画の表づくりや教務内規の作成，あるいは業務や組織の改善に止まることなく，生徒の成長の姿で勝負できる学校をめざすことが重要です。

観点別評価への取組みを学校づくりに生かす

観点別評価への取組みをきっかけとして生かしながら，ヴィジョンドリブンの学校づくりを進めた事例として，大阪府立泉大津高校のIMPT（泉-OHTSU Method Planning Team）の取組みがあります。チーム長の片畑友亮先生によると，その全体像は，「学校としてのキー・コンピテンシー」としてヴィジョンを対話的に明確化しカリキュラム全体を構想する「マネジメントブロック」と，観点別評価への取組みを軸にした授業研究によって教師同士の学び合いを促す「授業研究ブロック」によって構成されています（**図27**，70頁）。

学校のヴィジョンは，教員のみならず，保護者・地域，生徒にもアンケートを取り，テキストマイニングによる分析も加えながら，また様々な枠組みも参照しながら明確化されています（**図28**，70頁）。人間力，教養力，協働的探究力といった大きなキーワードでヴィジョンはまとめられていきますが，重要なのはそうしたカテゴリーの先に「泉大津高校が育てたい人物像」として，より包括的なゴール像が明確化されていることです。そこには「心幹」という泉大津高校独自のキーワードが示されています（**図29**，71頁）。「○○力」とい

った資質・能力はめざす生徒像の骨組みを示すものですが，その先により包括的で角度のあるめざす生徒像が明確化され，教師はもちろん生徒たちとも共有され，絶えずそこに立ち返ることで「○○高校らしさ」（その学校のいい意味での当たり前）という形で学校文化（校風）が創られていくのです。

すでに述べてきたように，観点別評価は，観点別の評価材料の指針や成績の換算表や教務内規を作成する事務作業として対応すべきものではありません。「評価は授業の鏡」であり，生徒の課題や学力観の変化などをふまえてどんな授業に変えていかねばならないのか，変えていきたいのかといった，授業改善

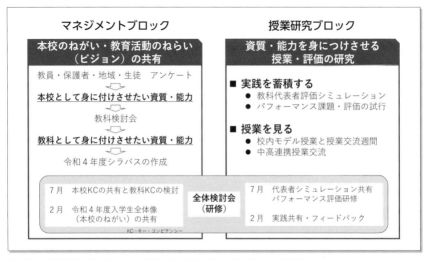

図27. 観点別評価を生かした学校づくり① 「マネジメント全体像」
（『「高等学校課題発見・解決学習推進プロジェクト」に係るカリキュラムマネジメント推進研修（令和4年6月24日）における，大阪府立泉大津高等学校の実践発表資料』より）

- ❏ 本校のねがい（どんな資質・能力を身につけさせたいか？）

- ❏ キー・コンピテンシー精査に関わるアンケート
  - 教員アンケート（5/10～31）
  - 保護者・地域アンケート（5/26～6/7）
  - 生徒アンケート（6/10～14）

    ➡ Googleフォームで回答 ➡ 人力＆ＡＩ（ﾃｷｽﾄﾏｲﾆﾝｸﾞ）による分析

- ❏ アンケート分析結果やOECD Education2030、新カリ等を踏まえてキー・コンピテンシーの具体化

図28. 観点別評価を生かした学校づくり② 「ヴィジョンの絞り込み」（出典は上図に同じ）

へとつなげて考えていくことが重要です。泉大津高校では「思考・判断・表現」を育て評価するパフォーマンス評価を軸に授業研究を実施し，各教科で取り組んだ成果を事例集にまとめたりすることも年間計画に位置づけながら，組織的に授業と評価の改善に取り組んでいます（**図 30**）。

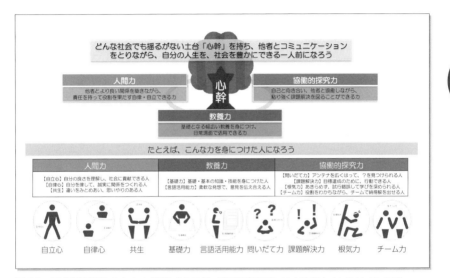

図 29. 観点別評価を生かした学校づくり③「学校が育てたい人物像」（出典は左図に同じ）

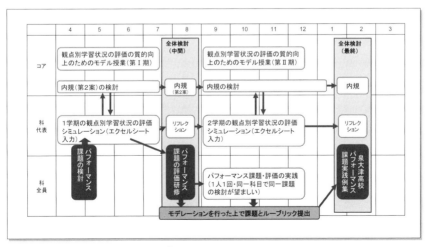

図 30. 観点別評価を生かした学校づくり④「取組みの年間計画」
（『令和 3 年度大阪府高等学校教育課程協議会（総則部会）（令和 3 年 8 月 23 日）における，大阪府立泉大津高等学校の実践発表資料』より）

学習評価の取組みで授業改善に教科横断的な横串を通す

　大阪府立松原高校は，授業改善を進めながら学習評価のシステムを構築していく取組みを行いました。パフォーマンス課題による評価場面を位置づけた1週間の授業公開「パフォーマンスウィーク」です。同校独自の授業設計の視点（GOLDEN）をもとに課題等を設定し，各教科の「思考・判断・表現」の評価を試行的に実施するとともに，それを教員間で授業を見合う研修の機会としても位置づけたのです（図31，32）。

　同校のプロジェクトの主担である中川泰輔先生の以下の言葉は重要です。「授業は評価に振り回されるものではありません。大切なことはそれぞれの学校が生徒を中心に据えて，何をめざして授業をするかを考えることです。まずは生徒に教科の本質的な面白さで主体的にさせることをめざし，知識・技能を活用できる場面を授業に取り入れてください。その上で評価する場面を無理なく設定することが大切です」。

　教科指導で教科の壁があったり，あるいは個々人の教師ごとに閉じたりしている状況に対して，主体的・対話的で深い学び，学習評価，ICT活用など外からの改革は，教科横断的に横串を通して教師集団に共通の課題を提起するものであり，タテ割りや個業を問い直していくきっかけと捉えることもできます。改革に翻弄されないためにも外圧をしたたかに生かしながら，それぞれの学校において，リレーション（協働文化），パフォーマンス（学びと成長），イノベーション（挑戦する風土）の創出につなげていくことが肝要でしょう。

図31．松原高校「パフォーマンスウィーク」の取組みの様子
（『令和3年度大阪府高等学校教育課程協議会（総則部会）（令和3年8月
23日）における，大阪府立松原高等学校の実践発表資料』より）

松原高校の授業設計の視点「GOLDEN」

	A先生（社会） エスニック講座（2年選択）	B先生（数学） 数学Ⅰ（1年必修）
GOAL（教科の目標） 学校ごとの教科を通して育てたい生徒像	開発途上国における「モノカルチャー経済」を学び，途上国と私たちの関係に気づく	具体的な数から全体を予測する
ORIENTATION （単元での目標） 単元での到達点。見つけるためには純粋な教科・教材の面白さや社会との繋がりの理解が必要	コーヒー栽培と貧困の関係に気づくことが出来るか	2次不等式の解を観察し，条件を絞ることで解（範囲）を予測する
LEARNING CONVERTER （問いの変換） 本時の目標→生徒の目標に変換することで生徒の主体性を生む	私たちが飲んでいる（カフェなどの）コーヒーは高いか安いか	
DESIGN（学びのデザイン） その授業の目標に到達するためのデザインを考える前提は「生徒が動く時間をどれだけ設定できるか」視覚・構造化・学習スタイル・評価法・空間	（仮想）アロマ村の農家となって，グローバル企業「エスプレッソ社」によるコーヒー豆栽培の耕地区画をどれだけ受け入れるか，シミュレーションゲーム	ランダムに入れた数値の不等式を解き，答え（範囲）を予測し，解法で導いた答えによって検証する
ENCOURAGE FACILITATIO**N** （承認的ファシリテーション） 授業内で生徒を導くような声かけや形成的評価，生徒の声から授業を展開する力。計画と実施は違うことを受け入れる	グループ活動：アロマ村で，1年ごとにコーヒー豆の区画数を決め，3年間収入の変化を見ることで，問題点に気づく	ペアの一方がランダムに入れた数値の不等式をもう一方が計算する。ペアで予測を話させる

図32. 松原高校「パフォーマンスウィーク」の課題例（出典は左図に同じ）

「個別最適な学び」をどう捉えるか

「個別化」と「個性化」を区別する

　2017・18 年改訂の学習指導要領が実施されようとするタイミングで中央教育審議会答申「『令和の日本型学校教育』の構築を目指して」（2021 年 1 月 26 日）が示され，一人一台端末を活用した一人一人に応じた子ども主語の学びを構想するキーワードとして，「個別最適な学び」（「指導の個別化」と「学習の個性化」から成る）が注目を集めています。

　当初は「個別最適化された学び」と呼ばれていたのが「個別最適な学び」へと言葉が変化した背景を考えると，「指導の個別化」と「学習の個性化」の意味が見えてきます。「個別」という言葉は一人一人の個別のニーズに応じる志向性を表現し，「最適」という言葉は本人が望んでいるものと効率的に出会えるようにする志向性を表現しています。そして「個別最適」は生活のあらゆる場面で際限なく蓄積されたデータを統計的に AI が処理することで可能になる，レコメンド機能やマッチング機能によって具体化し得るものとされたのです。ネット通販のように機械が自動的に学習を導いてくれると考え，AI ドリルが注目されることには一定の合理性があります。

　しかし，「個別」という言葉が示す一人一人に応じた教育については，できる・できない，早い・遅いという一元的で垂直的な量的差異に着目する「個別化（individualization）」と，それぞれの子どもの興味・関心やもち味を尊重するという多元的で水平的な質的差異に注目する「個性化（personalization）」で，実践の方向性が異なっていきます。前者の発想で目標までも無限定に個別化することは，学びの孤立化や機械化が危惧されます。しかし後者の発想に立つと，一人一人の個性はむしろ共通の大きなゴールや題材を共に眼差しながら，他者と共に対話して学び合うことで確認・発見・承認され，磨かれ豊かになっていくものと捉えられます。

「学びの個性化」は子ども主語の自律的な学びにつなぐ

　「最適」という言葉は，「快適な教育」や「快適な学び」という方向性でのみ捉えられていないか注意が必要です。特に ICT 活用やデジタル化は，便利さやスマートさを実現する方向で実装されやすいものです。教師やほかの大人が手をかけなくても自分で，自分たちだけで学びを進めているように見えて，大人たちが設定した一定の枠内で，あるいは自分の世界観の枠内に閉じた形での主体性になっているかもしれません。それは大人にとって都合のよい従順な主体性であり，学び手自身にとっても自分の嗜好や信念に閉じていく自己強化であり，既存の選択肢から選ぶ，あるいは選ばされる学びとなっているかもしれません。AI ドリルに

より「個別最適化」されることで受け身の学びに陥るのではなく，子どもたち自身が主体的に学びたいものを学び続けていく，「子ども主語」の学びにつなげていきたい。そのような志向性が「個別最適な学び」という言葉には含まれています。

また，個々人にとって「最適」という場合には，指導の手だてや学び方といった方法レベルにとどまるか，そもそもの目標レベルで考えるかは論点となります。自由進度学習などにおいて，目標までも無限定に自由に個別化すると，格差の拡大や分断につながる危惧があります。

「指導の個別化」は教師主語も重視し学力保障につなぐ

「個別最適な学び」については，AI ドリルという狭いイメージを超えていくこと，また機械的なドリル学習や学びにおける格差・分断の拡大に陥るのを防ぐことが課題となります。図 33 のように，「個別化」と「個性化」の軸，および「教師主語」と「子ども主語」の軸で「個別最適な学び」のパターンを類型化してみると，「指導の個別化」と「学習の個性化」の位置づけが明確になるでしょう。

「個別化」は子どもたち任せで自由に自習室的に学び進めていくようなプログラム学習にとどまらせず，学校や教師が責任をもって一定水準の目標達成を保障する，完全習得学習（共通目標の達成に向けた方法の個別化）として遂行するわけです（指導の個別化）。また「個別最適な学び」は教育の「個別化」にとどまらせず，教育の「個性化」としても展開していく必要があります。クラス全体での協働的な学びにおいて，それぞれのもち味や個性的な考え方を教師が取り上

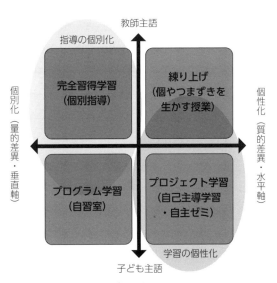

図 33.「個別最適な学び」の類型 (筆者作成)

げ，つなげ，ゆさぶったりして練り上げていくような学び（一人一人を生かした創造的な一斉授業）は，これまでも少なからず展開されてきました。しかし，今般の教育改革では，より一人一人のやりたいことや追究したい問いや自律性を重視する「子ども主語」のプロジェクト型の探究的な学びを促すべく，「学習の個性化」が提起されていると見ることができます。

「個別最適な学び」は「協働的な学び」と結びつける

　「個別最適な学び」は，「協働的な学び」と一体的に捉えられるべきとされます。その子なりのもち味等の質的差異を尊重し育む「学習の個性化」は，異質な他者との対話・協働を通してこそ実現されるからです。ですから，習熟度等の量的差異に応じる「指導の個別化」についても，一対一の手厚い個人指導を理想化することは危ういでしょう。少人数学級でクラスの子どもの数も少し減るからといって，教師の目を常に行き届かせる，教師が救うという発想で考えるのではなく，教室空間にできた余裕を生かして，個人，ペア，グループなどの様々な形態を許容しつつ，フレキシブルな時間と空間において子どもたち同士の学び合いを組織することが重要です。

　本来的に個性的な子どもたち，かれら一人一人の多様な背景に応じつつ（手段としての個別化：指導の個別化），対話的・協働的に共に学ぶこと（協働的な学び）の先に，それぞれの生き方やつながりの幅を広げ，視座を上げ，関心・問題意識・志を育てて，より知的で文化的で公共的な個性（自律的な学習者）へと誘う（目的としての個性化：学習の個性化）。自律的学習者の育成という場合，授業外，学校外において拡大する多様な学習の場を利用して自習できることも大事ですが，学校内外の社会的活動に参加しながら自らの人生を紡いでいけること，自分の視野の外の異質な物事や他者と出会い対話すること，その先に学校から巣立たせることが重要なのです。

第4章

「学びの舞台」を
どうつくるか

Q17 観点別評価を単元や授業のデザインにつなげるには？

学力の3層構造を意識しながら単元をデザインする

　観点別評価は，単元という単位で，授業と学びをデザインすることを促すものです。ここ一番で時間をかけて，教師の支援や見守りの下で生徒が主体的に協働的に問いやテーマを掘り下げる，あるいは学んだことを総合して挑戦的な課題に取り組む。教師から教えられるだけでなく，生徒たち自身が学び取ることや考え抜くことを経験できるようにしていくことが肝要です。

　これまでも教師たちは教科学習を通して考える力を育ててきましたが，多くの場合は知識を問題解決的に発見的に学ぶ過程で知識をつないだり構造化したりすることで，「わかる」レベルの思考（比較・分類などの理解志向）も育てようとするものでした。これに対し，「使える」レベルの思考は，現実的な問題解決・意思決定などの経験を含む応用志向です。その違いは，ブルームの目標分類学において，問題解決という場合に，「適用（application）」（特定の解法を適用すればうまく解決できる課題）と「総合（synthesis）」（論文を書いたり企画書をまとめたりなど，これを使えばうまくいくという明確な解法のない課題に対して，手もちの「知識・技能」を総動員して取り組まねばらない課題）の二つにレベルが分けられていることが示唆的です。

　「使える」レベルの学力を育てるには，折に触れて「総合」問題に取り組ませることが必要です。**単元というスパンで学びをデザインし，単元末などに「使える」レベルの「総合」問題に取り組む機会を保障しつつ，毎時間の実践では「わかる」授業を展開する**とよいでしょう。

「学びの舞台」を軸に「末広がり」の単元を構想する

　これまで高校では単元単位で学びのストーリーを組み立てる発想に乏しかったと思います。小学校や中学校は単元単位で学びを構想する視点は多少ありま

すが，単元や授業の導入部分で生活場面が用いられても，そこから「わたり」（科学的概念への抽象化）がなされたら，後は抽象的な教科の世界の中だけで学習が進みがちで，生活場面に「もどる」（知識を生活に埋め戻す）ことはまれです。さらに終末部分では，問題演習など機械的で無味乾燥な学習が展開されがちです（尻すぼみの構造）。

複合的な現実世界において科学的概念を総合する（「使える」レベルを試す）課題を単元や学期の節目に盛りこむことは，末広がりの構造へと単元構成を組み替えることを意味します。**単元の最初のほうで単元を貫く問いや課題を共有することで，見せ場に向けた学びの必然性を生み出すこともできるでしょう**（例：「日本はどの国・地域と地域統合すればよいのだろうか」という問いを探究する（地理），「自分のことで I have a dream that ____. を書いて発表する」（英語））。そして「もどり」の機会があることで，概念として学ばれた科学的知識は現実を読み解く眼鏡（ものの見方・考え方）として学び直されるのです。

「逆向き設計」の考え方

ウィギンズ（Wiggins, G.）らの「逆向き設計（backward design）」論は目標と評価の一体化の一つの形であり，次のような順序でカリキュラムを設計していくことを主張します。①生徒に達成させたい望ましい結果（教育目標）を明確にする。②そうした結果が達成されたことを証明する証拠（評価課題，評価基準）を決める。③学習経験と指導の計画を立てる。

いわば中核的な目標を生徒たちの実力が試される見せ場として具体化し，そこに向けてカリキュラムを設計するわけです。「逆向き設計」論では特に，細かい知識の大部分を忘れてしまった後も残ってほしいと教師が願う「永続的な理解（enduring understanding）」（例：「目的に応じて収集した資料を，表，グラフに整理したり，代表値に注目したりすることで，資料全体の傾向を読み取ることができる」）と，そこに導く「本質的な問い（essential question）」（例：「全体の傾向を表すにはどうすればよいか？」という単元の問い，さらに「資料の活用」領域で繰り返し問われる，「不確実な事象や集団の傾向を捉えるにはどうすればよいか？」という包括的な問い）に焦点を合わせ，それを育み評価するパフォーマンス課題を軸に単元を設計することで少ない内容を深く探究し，結果として多くを学ぶこと（less is more）を実現しようとします。

Q18 各観点の評価場面をどう評価計画に位置づけるか?

学力の質や観点に応じて総括のタイミングを柔軟化する

　総括的評価につなげる「学びの舞台」を絞り，評価場面を重点化しながら，単元や年間を通して思考力・判断力・表現力などを長期的に見守り育てていく上で，年間の学力評価計画を立てておくことが有効です。その際は学力の質や観点に応じて，総括のタイミングを柔軟に運用することが肝要です。「知識・技能」は，授業や単元ごとの指導内容に即した「習得目標」について理解を伴って習得しているかどうか（到達・未到達）を評価する（項目点検評価としてのドメイン準拠評価）。いっぽう「思考・判断・表現」は，その長期的でスパイラルな育ちの水準をルーブリックのような段階的な記述（熟達目標）の形で明確化し，重要単元ごとに類似のパフォーマンス課題を課すなどして，学期や学年の節目でパフォーマンスの洗練度や成長を評価するわけです（水準判断評価としてのスタンダード準拠評価）。**まずは，「知識・技能」は単元テストや定期考査で，「思考・判断・表現」や「主体的に学習に取り組む態度」は重点単元や学期の節目でパフォーマンス課題を軸に**といった具合に，大枠は図34のように捉えておくとよいでしょう。

　その上で，単元を超えて繰り返す類似のパフォーマンス課題の設定や年間指導計画における位置づけ方がポイントです。単元で学んだ内容を振り返り総合的にまとめ直す「歴史新聞」を重点単元ごとに書かせることで，概念を構造化・体系化する思考の長期的な変化を評価する。様々な単元において実験レポートをまとめたり，ときには自ら実験計画を立てたりすることを求めたりして，科学的探究力を育て評価する。あるいは，学期に数回程度は現実世界から数学的にモデル化する思考を伴う問題解決に取り組ませ，思考の発達を明確化した一般的ルーブリック（**図35**）を一貫して用いて評価することで，数学的モデル化や推論の力の発達を評価する。**勝負の授業，単元末の課題，あるいは**

中間，期末などの学期の節目といった長い時間軸で成長を見守り，「学びの舞台」を設定して見せ場で伸ばすことが重要です。

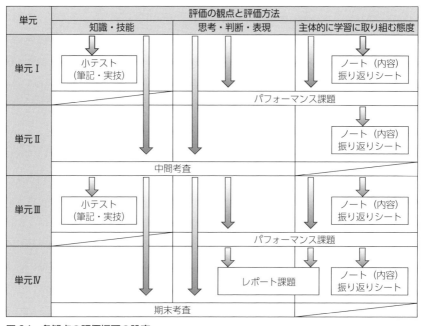

図 34. 各観点の評価場面の設定
(大阪府教育委員会『新学習指導要領の趣旨を踏まえた「観点別学習状況の評価」実施の手引き（令和3年1月)』，15頁)

数学的問題解決の能力を，「場面理解」（問題場面を数学的に再構成できるかどうか），「方略，推理，手続き」（巧みに筋道立てて問題解決できるかどうか），「コミュニケーション」（数学的表現を用いてわかりやすく解法を説明できるかどうか）の三要素として取り出し，単元を超えて使っていく。

熟達者	直接に解決に導く，とても効率的で洗練された方略を用いている。洗練された複雑な推理を用いている。正しく問題を解決し，解決結果を検証するのに，手続きを正確に応用している。解法を検証し，その合理性を評価している。数学的に妥当な意見と結合を作りだしている。
一人前	問題の解決に導く方略を用いている。効果的な数学的推理を用いている。数学的手続きが用いられている。すべての部分が正しく，正解に達している。
見習い	部分的に有効な方略を用いておるため，何とか解決に至るも，問題の十分な解決には至らない。数学的推理をしたいくつかの証拠が見られる。数学的手続きを完全には実行できていない。いくつかの部分は正しいが，正解には至らない。
初心者	方略や手続きを用いた証拠が見られない。もしくは，問題解決に役立たない方略を用いている。数学的推理をした証拠が見られない。数学的手続きにおいて，あまりに多くの間違いをしているため，問題は解決されていない。

図 35. 算数・数学に関する一般的ルーブリック（方略，推理，手続き）
(*Exemplars: We set the Standards*! https://exemplars.com/sites/default/files/2019-07/classic_3criteria_rubric_2019.pdf（2022 年 12 月 5 日閲覧))

長期的な指導計画における評価の焦点化・重点化とは

　図36の年間指導計画は旧観点のものですが，単元・定期テストとパフォーマンス課題に総括的評価の場面（◎）を絞っています。そこに向けてどう毎時間が展開していくかのイメージもつかみやすいでしょう。

　図37を見ると「技能」「知識・理解」（新観点の「知識・技能」に相当）は各単元で総括する一方で，「思考・判断・表現」は，類似のパフォーマンス課題を通して繰り返し試される力として，数学的モデル化，推論，コミュニケーションという形で具体化され，どの単元で重点的に評価されるかが示されています。

中学校第3学年数学の年間指導計画（平成21年度）

月	単元	中単元	小単元	時数	目標・評価規準	学習事項	関心・意欲・態度	見方・考え方	表現・処理	知識・理解	おもな評価方法
4	2次方程式	平方根	オリエンテーション	1	数学の学習の進め方がわかる					○	観察
			2次方程式とその解		2次方程式の意味がわかる	2次方程式，解，2次方程式を解く				○	観察
			平方根の計算の意味		平方根の必要性と意味がわかる	平方根，根号，√				○	観察
			素因数分解	2	素因数分解ができる	素数，因数，素因数，素因数分解			○	○	小テスト，観察
5			平方根の大小	3	根号を使った数の大小を判断できる				○		小テスト
			平方根の乗除	3	根号を使った数の乗除が計算できる				○		小テスト
			平方根の加減	3	根号を使った数の加減が計算できる				○		小テスト
			単元末テスト	1				○	◎	◎	単元テスト
			単元のまとめ	2	少人数による学習指導を行い，定着できてない内容を学習する			○	○	○	ノート
		パフォーマンス課題		2				◎	◎	◎	ワークシート
6		式の計算	式の展開	2	3項式×3項式の計算の方法がわかる	展開				○	観察
			乗法公式	3	2項式×2項式の乗法公式を利用して計算できる	乗法公式			○		小テスト
			因数分解	1	因数分解の意味がわかり，共通因数をくくり出すことができる	因数分解			○		小テスト
			公式による因数分解	3	2次式までの因数分解ができる				○		小テスト
			因数分解による2次方程式の解き方	3	因数分解を利用して2次方程式を解くことができる				○		小テスト
			式の利用	3	乗法公式を利用して，数や図形の性質を説明できる			◎			ノート，観察
			単元末テスト	1				○	◎	◎	単元テスト
			単元のまとめ	1	少人数による学習指導を行い，定着できてない内容を学習する			○	○	○	ノート
7		パフォーマンス課題		2				◎	◎	◎	ワークシート
		2次方程式の利用	平方根を利用した2次方程式の解き方	3	平方完成，解の公式を利用して2次方程式を解くことができる	解の公式			○		小テスト
			2次方程式の利用	3	2次方程式を利用して問題を解決できる			◎			観察，ワークシート
		問題づくり		3							ワークシート
		期末テスト		2				◎	◎	◎	期末テスト
					（中略）						
12	2乗に比例する関数	2乗に比例する関数の意味		2	2乗に比例する関数の特徴がわかる	yはxの2乗に比例する				○	観察
			y=ax2のグラフ	3	2乗に比例する関数のグラフがかける	放物線			○		ワークシート
			y=ax2の値の変化	4	表やグラフから2乗に比例する関数の値の変化について特徴を説明できる	変化の割合		○			観察
			y=ax2の利用	2	身のまわりの具体的な事象を2乗に比例する関数として考察する			○			観察
1			単元末テスト	1				○	◎	◎	単元テスト
			単元のまとめ	2	少人数による学習指導を行い，定着できてない内容を学習する			○	○	○	ノート
		パフォーマンス課題		2				◎	◎	◎	ワークシート
		期末テスト		2				◎	◎	◎	期末テスト
2	資料の活用	標本調査の意味		5	標本調査の意味がわかる	標本調査，母集団，標本				○	観察
		パフォーマンス課題		6			○	◎	○		ワークシート
		予備（自由研究・入試練習など）		10							ワークシート

図36. 総括的評価の場面を精選した年間指導計画（神原，2011）

中学校数学 3 年間の学力評価計画

指導要録の観点	観点（問題解決過程に着目した観点）	評価基準 1	2	3	4	5
数学への関心・意欲・態度 数学観	数学的な事象に関心をもつとともに、数学的活動の楽しさ、数学のよさを知り、それらを事象の考察に進んでしようとする場面に移す	数量や図形などに関し心が低く、苦手意識を克服できていない状態である	数量や図形などに関し関心はあるが、継続して意欲的に活動できない状態	数量や図形などに関し、意欲的に活動できる	数量や図形などについて高い関心をもち、数学的活動の楽しさ、数学のよさを知っている	数量や図形などについて高い関心をもち、数学的活動の楽しさ、数学のよさを知り、意欲的に問題の解決に活用している
数学的な見方・考え方 数学化	事象に潜む関係や法則を見いだし、単純化や理想化などの使い方を施し、数学の使いやすい場面に移す	具体的な場面の中で、数学的な要素を見つけることができない	具体的な場面の中で、数学的な要素を見つけ、数学的な問題にしようとすることができない	具体的な場面の中で、数学的な要素を見つけ、数学的な問題にすることができる	具体的な場面の中で、数学的な要素を正しくモデル化し、より一般化し洗練したモデルをつくることができる	数量や図形などについて高い関心をもち、数学的活動の楽しさ、数学のよさを知り、意欲的に問題の解決に活用している
数学的な考え方 数学的推論	定式化されたものを予想をもち、数学的な推論に応じた推論の方法を用いて、結果を振り返りその有効性を検討する	見通しがもてず、状況に応じた推論の方法を選択できない	状況に応じた推論の方法を選択できるが、結論まで辿り着かない	状況に応じた推論の方法を選択できる、ある部分で結論が跳んでいる	状況に応じた推論の方法を選択し、結論まで説明する	状況に応じた推論の方法を選択し、結論を説明し、結果の妥当性を確かめることができる
コミュニケーション	数理的な事象を、図、表、式、数、また言葉、記号など多様な表現を活用して表現する。また、解決の理由や探究の仕方を用いて述べる	自分の考えを述べることができない。また、他の人の意見を聴くことができない	自分の考えを述べたり、聴いたりすることができる	相手を意識して、自分の考えを述べることができたり、聴いたりすることができる	相手を意識して考えをわかりやすく述べたり、自分の考えと関連づけられるように聴くことができる	相手を意識して自分の考えをわかりやすく述べ、関連づけられるように聴くことができ、さらに自分の意見を明確に述べることができる
数学的な表現・処理などの技能	数の計算、目的に応じた式の変形や方程式の解を求めることができる	式を計算したり、方程式の解を解いたりすることが、55%未満である	55%以上の正答率で、計算したり、方程式を解いたりすることができる	65%以上の正答率で、計算したり、方程式を解いたりすることができる	75%以上の正答率で、計算したり、方程式を解いたりすることができる	85%以上の正答率で、効率的に計算したり、方程式を解いたりすることができる
数量、図形などについての知識・理解 数学的な概念	数量や式に関する基礎的な概念や原理・法則などについて理解し、知識を身につけている	数量や式に関する基礎的な概念や原理・法則などについて理解している55%程度未満しか理解されていない	55%程度以上、数量や式に関する基礎的な概念について理解し、知識を身につけている	65%程度以上、数量や式に関する基礎的な概念や原理・法則などについて理解し、知識を身につけている	75%程度以上、数量や式に関する基礎的な概念や原理・法則などについて理解し、知識を身につけている	85%程度以上、数量や式に関する基礎的な概念や原理・法則などについて理解し、知識を身につけている

（右側の学年別単元欄：1年〈正の数・負の数／文字を用いた式／一元一次方程式／比例・反比例／平面図形／空間図形／資料の散らばりと代表値〉、2年〈一次関数／図形の基本性質／図形の合同／確率〉、3年〈平方根／式の展開と因数分解／二次方程式／二乗に比例する関数／図形の相似／三平方の定理／標本調査〉に○印が配置されている）

図 37. 重点的に評価する単元を示した、3 年間の学力評価計画 （神原、2011）

長期的ルーブリックで学年を超えた長期的な育ちを評価する

　国語や英語科などの言語能力やわざ的な技能の育ちは習字や武道の「段」や「級」の発想で，高校２年生ならレベル２〜４を，高校３年生ならレベル３〜５をめざすといった形で評価することも考えられます。**長期的ルーブリックを開発し，生徒たちの育ちを学年を超えてサポートすることが有効です。**

　たとえば，京都府立園部高校と同附属中学校の英語科で開発された評価基準は Reading, Listening, Writing, Oral Communication の４つの観点に対応する長期的ルーブリック（Sonobe Assessment Grid, 2007 年開発）（図 38）と，習得させるべき文法事項のチェックリストが示されています。

　当時の園部高校は１学年５クラス編成の規模で，普通科コース（地域制），普通科中高一貫コース（中学入学時に府内全域から募集），京都国際科（府内全域から募集）という３種類のコースをもっていて，幅広い学力層の生徒たちを受け入れていました。Sonobe Assessment Grid は生徒たちの英語力の長期的な成長を描くもので，それぞれのコースの各学年でおおよそどのレベルを達成したいのか，ある程度の幅をもたせる形で対応関係が示されています。そして英語について低学力で入学してきた生徒でも，卒業するまでにレベル４以上の力を保障することがめざされています。長期的ルーブリックの作成には，「ヨーロッパ言語共通参照枠（Common European Framework of Reference: CEFR）」を参照するとともに，共通するパフォーマンス課題に複数学年で取り組み，教師たちが共同作業でルーブリックづくりを体験することで，パフォーマンスの水準のイメージを共通理解していきました。

　こうした学年を超えた長期的な育ちのステージを成長のものさしの形で示す取組みは，「総合的な学習（探究）の時間」や課題研究等では蓄積があるでしょう。入学者の学力差の幅が大きくなっている中，また必ずしも学年にとらわれず，アプローチの仕方に幅をもたせつつ一定水準をクリアしたら単位や進級等を認定する修得主義や課程主義の発想が強まる中，長期的な熟達度を明確化する試みは有効でしょう。**その際には「ドリル」的技能中心の検定試験的な「小さな修得主義」に陥らないように，個別技能はチェックリストで点検するようにしたうえで，パフォーマンス課題を軸にした「ゲーム」的実践力の長期的な育ちに焦点化していくことが大事です（大きな修得主義）。**

京都府立園部高等学校　英語6年間 Assessment Grid

一年間にめざす学力推移

一貫コース中学1年　一貫コース中学2年　一貫コース中学3年　一貫コース高校1年　一貫コース高校2年　一貫コース高校3年
普通科SA・京都国際科1年　普通科SA・京都国際科2年　普通科SA・京都国際科3年
普通科SB1年　普通科SB2年　普通科SB3年

習熟段階		1	2	3	4	5	6
理解	Reading	身近な名前が分かる。ごく短い文が理解できる。	高頻度語で書かれたやさしいテキストが読める。日常生活の広告や時刻表の中から必要な情報が読み取れる。	文の主述をつかめる。さまざまな分野の現代的な問題（言語・学習・環境・科学・社会）の文なら辞書を使いながらも読める。	複文構造を理解し、前から読み進めることができる。物語の論旨などがわかる。辞書をどんどん使える。英字新聞の論旨の展開が理解できる、英字新聞など辞書や注釈があれば読める。	長い文学作品なら読める。自分の興味のある分野の専門用語をむりなく読める。英字新聞や英語サイトを辞書があれば読める。	辞書を使って専門的な論文なら読める。英字新聞や英語サイトを読める。
	Listening	授業で何度も使う表現や語句を聞き分けることができる。	自分の家や家族や直接関係する身の回りの具体的なことについて、人がゆっくりはっきりしゃべってくれたら、なじみのある語や基礎的な句を認識できる。	学習したテーマに関する質問を聞いてわかる。またそのテーマがはっきりやさしい言葉で語られたメッセージや放送を聞いて内容を理解することができる。	学習したテーマに関する短い、簡単なニュース、メッセージがわかる。はっきりしゃべられたとき、メインポイントを聞き取ることができる。	ゆっくりはっきり読まれたテレビの番組やニュースのポイントが聞いてわかる。	長いスピーチや講義を聞いてわかる。知っているトピックなら論理が多少複雑でも理解できる。テレビや時事番組の大部分が聴いてわかる。方言スラングの多くない映画ならほとんど理解できる。
表現	Writing	アルファベットで自分の名前が書ける。練習した短文が書ける。	文法的な間違いを含みつつ簡単な文を書ける。既習の語句を使って短文を書くことができる。	学習したテーマ及び自分の興味のあることについて簡単な感想や意見を書くことができる。	興味のある幅広い分野に関して、理由や説明などを加え、意見や感想を書くことができる。	幅広い分野に関し、理由を付け加え、パラグラフ構成の整った数行の文章を書くことができる。	しっかりした論理構成で、アカデミックな題材の小論文や報告を書くことができる。
	Oral Communication	練習してあれば発話できる。相手が繰り返してくれたり身振り手振りがあると理解できる。	話を聞こうとして耳を傾けてくれる。ただしとても人がゆっくり発話してくれる相手であれば、ごく簡単に質問に答えたりすることができる。	学習したテーマ及び身近な事柄について情報のやり取りをすることができる。会話を長く続けることはできない。	英語が話されている地域へ旅行する際に出会うさまざまな場面で、辞書や語彙の力を使って情報の入手と意思の伝達を行うことができる。	自分の興味のあることや生活圏内の事柄（趣味・家族・出来事など）について述べることができる。	英語のネイティブスピーカーに対してごく自然かつ自発的に会話をすることができる。身近な場面について自分の意見を説明したり主張したりしながら会話に積極的に参加することができる。

図38．中高6年間の長期的ルーブリック「Sonobe Assessment Grid」（西岡, 2014）

「本質的な問い」の入れ子構造を意識して類似の課題を繰り返す

「逆向き設計」論では「本質的な問い」を入れ子構造で整理して，パフォーマンス課題を通じ「永続的理解」へと深めることをめざします。たとえば**図39**のように「文明はなぜ生まれるのか？」「明治維新によって日本社会はどのように変化したのか？」といった単元ごとの「本質的な問い」を自ずと生徒が問うように，単元の核となるパフォーマンス課題を設計します。**各単元でそれらの問いを問うことは，「社会はどのような要因で変わっていくのか？」という，よりメタで包括的な「本質的な問い」を繰り返し問うことにつながります。**

「本質的な問い」はその分野の基本的な問いや論点であり，常に立ち返って問い続けるもので，カリキュラムをタテに見ると見えてくるものです。また，「それはどのような要因で変わっていくのか？」と包括的な「本質的な問い」をよりメタにしてみると，「因果」を問う問いとして，社会科のみならず，国語科，理科など，教科を横断する問いと考えることもでき，**教科横断的に生徒に「思考の習慣」として根づかせたい問いとしても捉えることができます。**

このように「本質的な問い」に注目することは，分野や領域のタテの深まりを意識化したり，教科を越えたヨコのつながりを意識化したりすることで，カリキュラムをマッピングし構造化することにつながるでしょう。

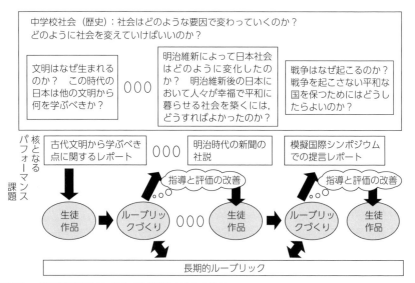

図39.「本質的な問い」の入れ子構造 (西岡, 2016)

Q19 すぐれた評価課題をどうつくるか？

文脈の真正性よりも思考過程の真正性を追求する

「思考・判断・表現」の評価方法として注目されるパフォーマンス課題は，「使える」レベルの思考を試すものです。転ばぬ先の杖で過度に加工することで，学習課題や評価課題はノイズやリアルさを欠いて学校臭くなりがちです。これに対してパフォーマンス課題は，「問題のための問題」（思考する必然性を欠いた不自然な問題）に陥りがちな，学校での学習や評価の文脈をより真正（authentic）なものへと問い直すことを志向しています。

パフォーマンス課題は「あなたは○○です……」といったシミュレーション的なシナリオから始まるものと思われがちですが，**そうした文脈（シナリオ）の真正性（ホンモノさ）よりも，思考過程の真正性，学びのプロセスに見いだせる教科の本質（見方・考え方）を追求することが重要です。**教師自身がまず教科の眼鏡（レンズ）で現実世界を見渡して，教科の知やものの考え方が生かされている場面を発見しその場面を切り取ること，そこで教師が経験した思考過程を生徒もたどれるよう課題を設計すること，を意識するとよいでしょう。

教室や学校の外のホンモノのオーディエンスに向けて表現することは有効です。シナリオ的な文脈の記述がなくても，「本質的な問い」について直接的に論じたり，良質の問題についてまとまった説明や論述を伴って深めたりする中で，教科の本質的な思考過程を試すことも考えられるでしょう。

学校の出口を意識してレディネスを育てる学びをつくる

真正なパフォーマンス課題を設計する上では，**その単元で指導している内容が，学校を出た先に社会のどのホンモノの活動につながるかを考えてみて，そこでどのような場（舞台）で実力が試され，どのようなプロセスが大事にされているかを考えてみるとよいでしょう。**

たとえば，国語で詩や俳句を扱うときには，大人たちがやるように句会を開いて，互いの作品を交流し鑑賞し合う活動を設定する。そして，そこでどのような観点で互いの作品を論評しているかを考えてみる。

英語で扱う言語活動が，パブリックな場で自分の意見を発表し議論することにつながるものであるときは，大人たちのそういった場面に倣って，結論を明確にして論理的に考えを述べ，質問に対してその場で応答できるかを試す。

数学で重要なのは「解けるかどうか」以上に，「思考を紡ぐ力があるかどうか」であって，江戸時代に民衆たちが「算額」という形で問題づくりを楽しんでいたことをふまえれば，学んだことをもとに問題づくりに取り組み，その解き方を記述したレポートを交流し互いに論評したり，互いの問題を解き合ったりすることも考えられるでしょう。

社会科も，公民は，ニュースが理解できて情報や知識を批判的に読み解き，社会問題に自分なりの意見をもって判断できることが主権者としてのゴールとなるでしょう。そこで，現代社会の論争的な問いについて，学んだ知識やその他の根拠をもとに自分なりの考えをまとめ議論し，時には社会への提案につなげたりしながら社会認識を深めていく活動を設定することが考えられます。

各教科の「見方・考え方」や「学習過程」を踏まえる

評価課題で試すべき思考過程を考える際には，各教科の「見方・考え方」，高校入試の問題，大学入学共通テストもヒントになります。その際，「見方・考え方」や入試問題で問われる思考過程が，各教科の学習過程をもとにしていることも意識しましょう（**図40，41**）。**コンピテンシー・ベースの流れの中，大学での研究や社会での仕事や活動で生きて働く実力や準備性（レディネス）があるかどうかを確かめる方向で，大学入試の問題等も変化してきています。**

たとえば算数・数学の問題発見・解決の過程（**図40**）は，「日常生活や社会の事象を数理的に捉え，数学的に表現・処理し，問題を解決し，解決過程を振り返り得られた結果の意味を考察する」という，いわば「数学を使う活動」と，「数学の事象について統合的・発展的に捉えて新たな問題を設定し，数学的に処理し，問題を解決し，解決過程を振り返って概念を形成したり体系化したりする」という，いわば「数学を創る活動」の二つの過程で整理されています。数学科の「見方・考え方」はそのエッセンスを凝縮して記述されているこ

とが**表5**，**表6**（90-91頁）からもわかるでしょう。

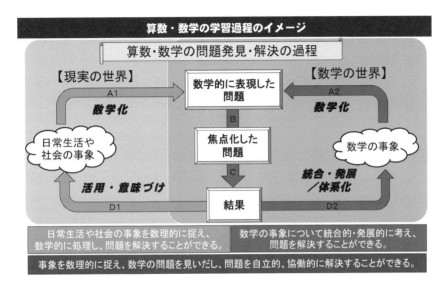

図40. 算数・数学の学習過程のイメージ（文部科学省中央教育審議会，2016a）

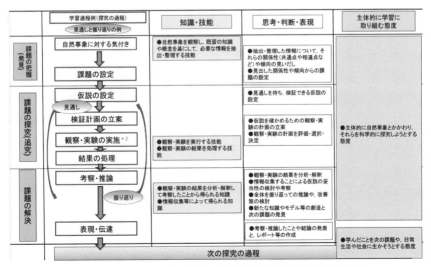

図41. 理科における学習過程と資質・能力の評価場面の例（高等学校基礎科目）
（文部科学省中央教育審議会，2016b）

表5. 中学校　各教科等の見方・考え方一覧

（文部科学省中央教育審議会『答申（平成 28 年 12 月 21 日)』及び『中学校学習指導要領（平成 29 年告示）解説』をもとに，編集部が作成)

教科	見方・考え方
国語	対象と言葉，言葉と言葉との関係を，言葉の意味，働き，使い方等に着目して捉えたり問い直したりして，言葉への自覚を高めること
社会	（地理）社会的事象を位置や空間的な広がりに着目して捉え，地域の環境条件や地域間の結び付きなどの地域という枠組みの中で，人間の営みと関連付けること （歴史）社会的事象を時期，推移などに着目して捉え，類似や差異などを明確にしたり事象同士を因果関係などで関連付けたりすること （公民）社会的事象を政治，法，経済などに関わる多様な視点（概念や理論など）に着目して捉え，よりよい社会の構築に向けて，課題解決のための選択・判断に資する概念や理論などと関連付けること
数学	事象を数量や図形及びそれらの関係などに着目して捉え，論理的，統合的・発展的に考えること
理科	自然の事物・現象を，質的・量的な関係や時間的・空間的な関係などの科学的な視点で捉え，比較したり，関係付けたりするなどの科学的に探究する方法を用いて考えること
音楽	音楽に対する感性を働かせ，音や音楽を，音楽を形づくっている要素とその働きの視点で捉え，自己のイメージや感情，生活や社会，伝統や文化などと関連付けること
美術	よさや美しさなどの価値や心情などを感じ取る力である感性や，想像力を働かせ，対象や事象を造形的な視点で捉え，自分としての意味や価値をつくりだすこと
保健体育	（体育）運動やスポーツを，その価値や特性に着目して，楽しさや喜びとともに体力の向上に果たす役割の視点から捉え，自己の適性等に応じた『する・みる・支える・知る』の多様な関わり方と関連付けること （保健）個人及び社会生活における課題や情報を，健康や安全に関する原則や概念に着目して捉え，疾病等のリスクの軽減や生活の質の向上，健康を支える環境づくりと関連付けること
技術・家庭	（技術）生活や社会における事象を，技術との関わりの視点で捉え，社会からの要求，安全性，環境負荷や経済性などに着目して技術を最適化すること （家庭）家族や家庭，衣食住，消費や環境などに係る生活事象を，協力・協働，健康・快適・安全，生活文化の継承・創造，持続可能な社会の構築等の視点で捉え，生涯にわたって，自立し共に生きる生活を創造できるよう，よりよい生活を営むために工夫すること
外国語	外国語で表現し伝え合うため，外国語やその背景にある文化を，社会や世界，他者との関わりに着目して捉え，コミュニケーションを行う目的や場面，状況等に応じて，情報を整理しながら考えなどを形成し，再構築すること

表6. 高校学校 各教科等の見方・考え方一覧

（文部科学省中央教育審議会『答申（平成28年12月21日）』及び『高等学校学習指導要領（平成30年告示）解説』をもとに広島県教育委員会が作成したものより抜粋）

教科等	見方・考え方
国語 「言葉による見方・考え方」	言葉による見方・考え方を働かせるとは，生徒が学習の中で，対象と言葉，言葉と言葉との関係を，言葉の意味，働き，使い方等に着目して捉えたり問い直したりして，言葉への自覚を高めること
地理歴史，公民 「社会的な見方・考え方」	課題を追究したり解決したりする活動において，社会的事象等の意味や意義，特色や相互の関連を考察したり，社会に見られる課題を把握して，その解決に向けて構想したりする際の視点や方法
地理領域科目 「社会的事象の地理的な見方・考え方」	「社会的事象を，位置や空間的な広がりに着目して捉え，地域の環境条件や地域間の結び付きなどの地域という枠組みの中で，人間の営みと関連付け」（て働かせるもの）
歴史領域科目 「社会的事象の歴史的な見方・考え方」	「社会的事象を時期，推移などに着目して捉え，類似や差異などを明確にしたり事象同士を因果関係などで関連付けたりし」（て働かせるもの）
公共 「人間と社会の在り方についての見方・考え方」	「社会的事象等を，倫理，政治，法，経済などに関わる多様な視点（概念や理論など）に着目して捉え，よりよい社会の構築や人間としての在り方生き方についての自覚を深めることに向けて，課題解決のための選択・判断に資する概念や理論などと関連付けて」（働かせるもの）
倫理 「人間としての在り方生き方についての見方・考え方」	「社会的事象等を，倫理，哲学，宗教などに関わる多様な視点（概念や理論など）に着目して捉え，人間としての在り方生き方についての自覚を深めることに向けて，課題解決のための選択・判断に資する概念や理論などと関連付けて」（働かせるもの）
政治・経済 「社会の在り方についての見方・考え方」	「社会的事象等を，政治，法，経済などに関わる多様な視点（概念や理論など）に着目して捉え，よりよい社会の構築に向けて，課題解決のための選択・判断に資する概念や理論などと関連付けて」（働かせるもの）
数学 「数学的な見方・考え方」	事象を数量や図形及びそれらの関係などに着目して捉え，論理的，統合的・発展的，体系的に考えること
理科 「理科の見方・考え方」	自然の事物・現象を，質的・量的な関係や時間的・空間的な関係などの科学的な視点で捉え，比較したり，関係付けたりするなどの科学的に探究する方法を用いて考えること
保健体育 「体育や保健の見方・考え方」 専門・体育 「体育の見方・考え方」	【体育の見方・考え方】 生涯にわたる豊かなスポーツライフを実現する観点を踏まえ，「運動やスポーツを，その価値や特性に着目して，楽しさや喜びとともに体力の向上に果たす役割の視点から捉え，自己の適性等に応じた『する・みる・支える・知る』の多様な関わり方と関連付けること」 【保健の見方・考え方】 疾病や傷害を防止するとともに，生活の質や生きがいを重視した健康に関する観点を踏まえ，「個人及び社会生活における課題や情報を，健康や安全に関する原則や概念に着目して捉え，疾病等のリスクの軽減や生活の質の向上，健康を支える環境づくりと関連付けること」
音楽 専門・音楽 「音楽的な見方・考え方」	感性を働かせ，音や音楽を，音楽を形づくっている要素とその働きの視点で捉え，自己のイメージや感情，音楽の文化的・歴史的背景などと関連付けること
美術，工芸，専門・美術 「造形的な見方・考え方」	感性や美意識，想像力を働かせ，対象や事象を造形的な視点で捉え，自分としての意味や価値をつくりだすこと
書道 「書に関する見方・考え方」	書の特質に即して物事を捉える視点や考え方をいい，感性を働かせ，書を，書を構成する要素やそれらが相互に関連する働きの視点で捉え，書かれた言葉や，歴史的背景，生活や社会，諸文化などとの関わりから，書の表現の意味や価値を見いだすこと
外国語 専門・英語 「外国語によるコミュニケーションにおける見方・考え方」	外国語によるコミュニケーションの中で，どのような視点で物事を捉え，どのような考え方で思考していくのかという，物事を捉える視点や考え方であり，「外国語で表現し伝え合うため，外国語やその背景にある文化を，社会や世界，他者との関わりに着目して捉え，コミュニケーションを行う目的や場面，状況等に応じて，情報を整理しながら考えなどを形成し，再構築すること」
家庭 「生活の営みに係る見方・考え方」	家族や家庭，衣食住，消費や環境などに係る生活事象を，協力・協働，健康・快適・安全，生活文化の継承・創造，持続可能な社会の構築等の視点で捉え，よりよい生活を営むために工夫すること
専門・家庭 「家庭の生活に関わる産業の見方・考え方」	生活産業に係る事象を，協力・協働，健康・快適・安全，生活文化の伝承・創造，持続可能な社会の構築等の視点で捉え，生活の質の向上と社会の発展と関連付けること
共通・情報	事象を，情報とその結び付きとして捉え，情報技術の適切かつ効果的な活用（プログラミング，モデル化とシミュレーションを行ったり情報デザインを適用したりすること等）により，新たな情報に再構成すること

本質的なゴールの絞り込みと構造化で単元のコアを見出す

　試合をただ繰り返すのではなくセオリーを意識しながら，必要に応じて基礎も強化しながら経験しないと上達が見込めないのと同じように，パフォーマンス課題への取組みも，その教科や分野の本質的な部分への着眼や思考方法を意識化してこそ学びや成長につながるし，単元横断的に一貫性をもって取り組むことができます。**各教科の「見方・考え方」や「本質的な問い」はセオリーを意識化するための仕掛けです。**各教科の「本質的な問い」とそれを生かしたパフォーマンス課題は E.FORUM スタンダードが参考になるでしょう（**図42, 43**）。

E.FORUM スタンダード（第1次案）：中学校理科（中池竜一・大貫守編集）

| 理科における包括的な「本質的な問い」
○自分たちが身の回りで発見したり，経験したりする自然の事物や現象はどのような仕組みになっているだろうか。
○身の回りの事象や現象はどのように探究していくことができるだろうか。 |||

内容区分		A 物質・エネルギー	
科学の基本的な見方や概念		エネルギー	粒子
柱における本質的な問い		エネルギーとは何だろうか。また，どのような形態や性質をもっているだろうか。エネルギーを有効に利用するにはどうしたらよいだろうか。	物質の性質はどのようにして確かめられるだろうか。物質に固有の性質と，共通の性質は何だろうか。
中1	本質的な問い	光，音，力，圧力はどのような性質や規則があるだろうか。それらに関わる現象はどのように利用されているだろうか。	物質を分類するには物質のどのような性質や実験手段を使えばいいだろうか。物質に共通・固有の性質は何だろうか。
	永続的理解	光は様々な物質の中を直進し，異なる物質の境界面で反射・屈折するときに規則性を示す。音は，物体の振動により生じ，その振動が物質中を伝わっていく。発音体の振動の振幅によって大きさが，振動数によって高さが変化する。 力は大きさ・向きをもち，矢印で表現される。物体に力を加えることで，物体が変形したり，運動の様子が変化する。単位面積当たりに働く力を圧力といい，水圧や大気圧は水の重さや空気の重さによるものである。	固体は加熱操作で黒く焦げ，CO_2を発生させる有機物とそれ以外の無機物に分けることができる。無機物の中で金属を見分けるには，金属光沢，電気伝導性・展性・延性といった性質を用いて区別する。また，それぞれの物質には固有の密度があるので，それによって物質を特定することもできる。 物質は，水に溶けると目に見えない小さな粒子になり，拡散して均一な溶液になる。物質が固有の溶解度・融点や沸点をもつことで，物質の特定が行える。再結晶や蒸留を行うことで不純物を含む混合物から純粋な物質を取り出すことができる。
	課題例	あなたは，博物館の館長です。来月，博物館では子ども向けに「身近なものを科学する」という企画展をすることになりました。そこで，子どもたちにカメラの仕組みを説明する案内板を作ることになりました。展示を見に来る子どもたちの多くは，凸レンズの仕組みなどは全く知りません。また，焦点などの難しい言葉も説明しないと理解してもらえません。これらのことを踏まえた上で，カメラについての展示の案内文を書きましょう。（大貫守）	あなたは庭に埋もれていた箱の中にメダルをいくつか見つけ出しました。メダルの形や大きさはさまざまですがすべて銀色をしています。このメダルが本物の銀か銀でない金属か，もしくはプラスチックなのかを確かめたいと考えました。そのための実験計画書を作成しなさい。ただし，何を確かめるためにその実験を行い，どのような結果が出ればどう考えるかという仮定を事前に示しなさい。実験計画書には実験方法とその結果や考察を書く欄も作りなさい。（井上典子先生）
中2	本質的な問い	電気エネルギーの性質とは何だろうか。電気エネルギーはどのように利用されているだろうか。	物質を分類するには物質のどのような性質や実験手段を使えばいいだろうか。物質に共通・固有の性質は何だろうか。
	永続的理解	回路の電流と電圧，抵抗には，回路の種類によってそれぞれ規則性がある。また，抵抗に流れる電流と掛かる電圧は比例関係が成り立つ。電気エネルギーは光・熱・音エネルギーなど他のエネルギーに変換することができる。電力や電力量などエネルギーの大きさを数値化して求めることもできる。 コイルに流れる電流の周りには，流れる方向に応じて磁界ができる。磁界の中を流れる電流は，電流の流れる方向や磁界からの力の向きに応じて力を受ける。電磁誘導によって誘導電流を作り出すことができる。これは電気エネルギーを運動エネルギーに変えたり，逆に運動エネルギーを電気エネルギーに変えることにもなり，発電の仕組みとして使われている。	物質を調べるには，まず，外見の特徴やにおい，手触りなどを調べる。その特徴から物質名を予想して化学変化を利用することで特定していく。例えば，有機物や無機物かは加熱によって，また電気や熱による分解反応や，酸素のやり取りを伴う酸化や還元の結果によって特定できる。 化学変化は，その前後で質量が保存され，反応によって元の物質と性質の異なる物質ができるという性質がある。

図42. 本質的な問いとパフォーマンス課題・中学校理科（E.FORUM スタンダードより）
（https://e-forum.educ.kyoto-u.ac.jp/seika/）

E.FORUM スタンダード（第1次案）：中学校数学（石井英真編集）

算数・数学的活動（方法論に対する問い）
どのようにして現実世界の事象や問題の本質を数学的に抽象化し、条件を解析すればよいか。筋道を立てて考え、数学的によりよく問題を解決したり、証明したりするにはどうすればよいか。どうすれば解析の結果を発展させることができるのか。数学的表現を使ってわかりやすく説明するにはどのようにすればよいか。

領域		数と計算（式）	図形
領域の本質的な問い		なぜその数は必要なのか。なぜ文字式を使うのか。どうすればうまく計算できるか。	図形にはどのような形や位置関係があるのか。図形の性質を規定するものは何か。
中学1年生	本質的な問い	負の数を用いるよさは何か。なぜ文字式を使うのか。方程式を使うと何ができるのか。	線対称、点対称の見方のよさは何か。空間を規定するものは何か。
	永続的理解	現実の世界においては、正反対の方向や性質をもつ事柄を1つの言い方にまとめる必要から負の数が生まれる。事象の関係を一般的に簡潔に表す必要から文字が使われる。方程式を作れば、解を見いだすことを形式的・自動的に行うことができる。	平面図形を形と大きさを変えずに動かす必要性から線対称や点対称の考えが生まれる。空間はそれを構成する点、線、面の位置関係により規定され、それらの関係に着目し、図形の運動として捉えたり、平面上に見取り図や投影図を用いて表現したりすることで把握できる。
	課題例	（東京の時刻を基準としたときの各都市の時差が示された上で、）ニューヨークで12月15日19時開始のバスケットボールの試合があります。東京でこの試合のライブ中継を見るためには、何月何日の何時にテレビをつければよいでしょうか。答えとその根拠を説明してください。	あなたは建築設計師で、マンション購入者からの次のような依頼をうけました。「私が購入したマンションの床と天井が平行ではないように思うんです。確かに床と天井が平行であるか調査してください」あなたは確かに平行であることを必要最低限の調査費用で購入者に明瞭な理由で示し、報告書を作成しなければなりません。報告書には、簡潔・明瞭な説明と図、及び必要経費を記載する必要があります。なお、課題解決に使用できるものは、正確な角を測ることができる分度器1つ、伸縮自在の高性能メジャー（10mまで測定可能）一つのみで、分度器、メジャーとも1回の測定につき、使用料金は1万円です。（神原一之先生）
中学2年生	本質的な問い	連立方程式はどんな場面で必要なのか。	図形の性質を証明するにはどうすればよいか。
	永続的理解	問題に2つ以上の変数が存在し、変数の関係式が変数の数だけ立式できるとき連立方程式をつくり問題を解決することができる。	角の大きさ、線分の長さなどの関係性について調べるために図形に内在する合同な三角形に着目するのが1つの方法である。

領域		数量関係	
		関数	資料の活用
領域の本質的な問い		自然や社会にある数量の関係を捉え、未知の数量を予測するにはどうすればよいか。	目的に応じて資料を集めたり、表現したり、分析したりするにはどのような方法があるのか。不確実な事象や集団の傾向を捉えるにはどうすればよいか。
中学1年生	本質的な問い	比例、反比例とは何か。座標の数学界における功績は何か。	全体の傾向を表すにはどうすればよいか。
	永続的理解	比例、反比例は、いずれも2つの対応する変数間の関数関係であり、比例とは、対応する変数の商（比）が一定なものであり、反比例とは、対応する変数の積が一定なものである。座標によって2つの変数間の対応についての変化の分析ができ、代数と図形が融合され、機械的な代数処理と直観的な図形処理が結びつけられる。	目的に応じて収集した資料を、表の形では度数分布表、グラフの形ではヒストグラムまたは折れ線グラフ、数値の形では代表値（平均、メジアン、モードなど）としてまとめ、結果から資料全体の傾向を読み取る。
	課題例	右の表は、2004年10月23日の新潟県中越地震における、観測地点7か所の初期微動継続時間と震源までの距離をまとめたものです。この表をもとに、初期微動継続時間と震源までの距離の間に距離にどんな関係があるのかを調べてみましょう。県内の長岡では、初期微動継続時間が2.15秒間でした。震源までの距離はおよそ何kmと考えられるでしょうか。答えとその根拠を説明してください。	ある日の新聞に、「今年の2月は暖冬だった」という記事がありました。寒い日も多かったと思うあなたは、記事の内容を確かめるために、自分の住んでいる町の、今年と13年前の2月の毎日の最低気温について調べてみました。調べたデータをもとに、今年は13年前よりも暖かくなっているかどうかを考え、クラスメートに自分の考えを説明しましょう。
中学2年生	本質的な問い	1次関数とは何か。座標平面上における直線を決定づけるものは何か。	確率とは何か。
	永続的理解	1次関数は、単調増加、もしくは単調減少の連続関数で、グラフは常に直線になる。直線は2点で決定されるが、関数として見たとき直線を決定するのは変化の割合（変化率）と初期値（y切片）である。	確率とは、偶然の影響を受けるいろいろな事柄について、起こりうるすべての場合について同様に確からしい時に、起こりやすさを、客観的に測る尺度である。起こりやすさを数値で表したものである。
	課題例	次の資料は、福岡市における各年ごとのスギ、ヒノキの花粉の量と前年7月の全天日射量を示したグラフです。毎年、花粉に悩まされている人が多くなってきています。花粉の量は、前年の全天日射量が影響していると言われています。それが正しいとした場合、この資料から今年の花粉の量を予測し、予測の根拠を説明しなさい。（八尋純次先生）	ある年の年末ジャンボ宝くじの当せん金と、1千万本当たりの当せん本数は、右の表のようになっています。この宝くじの当せん金の期待値を求めて、レポートにまとめましょう。

図43. 本質的な問いとパフォーマンス課題・中学校数学（E.FORUMスタンダードより）
（出典は左の図と同じ）

「本質的な問い」など重点化すべき目標を見極め，単元の幹と枝葉の部分を整理して目標の構造化を進める上で，教科内容（知識）のタイプ（知の構造）を意識するとよいでしょう（**図44**）。「知の構造」では，まず内容知と方法知の二種類で知識が整理されています。それぞれについて学力の三つの質的レベルに対応する形で，特殊の要素的な知識からより一般的で概括的な知識に至る知識のタイプが示されています。**単元の教科内容を「知の構造」で構造化することで，見せ場を設定すべき単元のコアも見えてくるでしょう。**

　毎時間のメインターゲットを絞る上で，内容知は事実的知識よりもそれを要素として包摂し構造化する概念的知識に，方法知は個別的な技能（機械的な作業）よりそれらを戦略的に組み合わせる複合的な方略（思考を伴う実践）に，焦点を合わせることが有効です。より一般的な知識に注目してこそ，授業での活動や討論において要素を関連づけ深く思考する必然性も生まれるのです。そして「本質的な問い」を問うたり，真正の課題を解決したりする上でのパーツとして，各単元で押さえるべき「知識・技能」が自ずと活用されるよう，パフォーマンス課題を設計し，単元の構成を考えるのです。

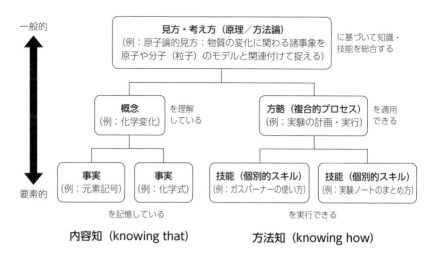

図44. 「知の構造」を用いた教科内容の構造化
（西岡（2013）がMcTighe & Wiggins（2001）p.65の図や，Erickson（2008）p.31の図を元に作成した図に筆者が加筆・修正した）

協働的な学習課題を個人作業と組み合わせて評価に生かす

　真正のパフォーマンス課題はしばしば評価課題であると同時に，学習課題で
もあります。学習課題としての性格を強調すると，作品制作過程での教師の指
導，生徒たち同士の協働を重視することになります。特に単元の中に埋め込ま
れる際は，「一人では解けないけれどもみんなと一緒ならできた」という経験
を通して，補助輪で自転車に乗るように「使える」レベルの思考を体験させた
り，個々の内容のわかり直しや学び直しを促したりすることが有効です。たと
えば，国語で実用的文章を読み取る力を育てる単元で，読む活動のみならず書
く活動も組み込んで，体育祭のお知らせポスターを作成する活動まで経験する
ことで，作り手の立場を念頭に置きながら，必要な情報を漏らさずかつ批判的
に読み解ける力（直接的目標）をより効果的に達成する。このように，パフォ
ーマンス課題をその時点で全員が解けるようになるべきものと必ずしも捉えず
に，むしろ統合的で協働的な学びの中で生まれる，わかり直しや定着を含ん
だ，問いと答えの間が長い考え抜くプロセス自体の価値に注目するわけです。

　しかしそうすると，課題に対するパフォーマンスは，個人に力が付いたこと
の証明とはなりにくいという問題が生じます。この点に関しては，たとえば，
大学の卒業論文の評価で口頭試問が行われるように，「作品の共同制作＋個々
人による作品解説」「共同での作品発表＋（作品発表へのフィードバックをふ
まえた）個々人による改訂版の作成」といった具合に，共同作業と個人作業を
組み合わせるとよいでしょう。

Q20 各教科の特質に応じて真正の パフォーマンス課題をどうつくるか？

教科において「真正の学び」を追求するとはどういうことか

　真正の課題の場面を考えたり教科の本質的な問いやプロセスを見極めたりする上で，「社会的・実用的文脈」と，「学問的・文化的文脈」の両面を考慮することが重要です。現実世界を読み解く「眼鏡（レンズ）」として，教科の学びの有意味性を捉え直していくのが前者です。たとえば関数はその成り立ちからしても未来予測の道具としての側面をもっていますし，確率も使いこなすことでリスクなどを予測し判断する手助けとなります。また歴史的にさかのぼることによって現在や未来がよく見えるもので，コロナ禍についても感染症の歴史をふまえれば見えてくるものがあります。

　後者の「学問することの面白さ」でいうと，「なぜそれが正しいと言えるか」「どの場面でもそれは成り立つか」と前提から探究し，すでに明らかにしたことをもとに推論して新たに結論を積み上げ問いを展開させていくこと，つまり「知を創る」学問のホンモノのプロセスを経験できているかを問うていくことが重要です。たとえば理科で「実験する」とき，手順をたどるだけの「作業」になっていないか。それだと仮説をもって探究する「科学する」ことになりません。誤差が生じたときに「なぜ誤差が生まれたのか」と問いを投げかけて，実験過程を振り返る機会を軽く設けることで，生徒たち自身で気づくこともあるでしょうし，自分たちが行ったことが尊重されることになります。

　教科における「真正の学び」の追求は，「教科の内容を学ぶ（learn about a subject）」授業と対比される，「教科する（do a subject）」授業（知識・技能が実生活で生かされている場面や，その領域の専門家が知を探究する過程を追体験し，「教科の本質」をともに「深め合う」授業）を創造することと理解すべきです。そして「教科する」授業は，教科の本質的かつ一番おいしい部分を生徒たちに保障していくことをめざした，教科学習本来の魅力や可能性，特に

これまでの教科学習であまり光の当てられてこなかったそれ（教科内容の眼鏡としての意味，教科の本質的なプロセスの面白さ）の追求でもあるのです。

各教科の特性をつかんで本質的な問いとプロセスを見極める

　各教科の特性は，内容知優勢か方法知優勢かである程度特徴づけることができます（94頁参照）。内容知優勢の教科は親学問を背景とするものが多く，何を学ぶかが明確で，一般に暗記科目とみなされがちです。いっぽう方法知優勢の教科は実践に関わるわざ的な側面が強いために，何を学ぶかを言葉にすることは難しく，繰り返し練習してつかむことが大事とされがちです。

　図45は入試で問われる5教科について，内容知優勢か方法知優勢かで教科を配列し，それぞれについて「社会的・実用的文脈」と「学問的・文化的文脈」に対応する真正な課題のパターンと例を整理したものです。内容知優勢の教科は，その分野や学問で繰り返し問われる中核的な論点や問いが比較的明確なので，「本質的な問い」，あるいは「永続的理解」（「本質的な問い」への答えを記すもので，教材主語で教材観をまとめることにつながる）を意識することと相性がよいでしょう。方法知優勢の教科はスポーツの上達と同じように，プ

	社会	理科	数学	英語	国語
社会的・実用的文脈	論争的な社会問題について，根拠をもって判断し，自らの主張や解決策を考える。 例：日清・日露戦争などを振り返り，なぜ戦争が起こったのか，避けられなかったのかを検討し，戦争を防ぐために大切なことを提案する。地元の過疎化対策を提言する。	日常的な自然事象を科学的に説明したり，科学技術が関係する実社会の課題について判断し解決策を考えたりする。 例：免疫のメカニズムをふまえて，エイズの特効薬について予想する。火事で破壊された森の植林計画について自然生態系への影響を判断する。	現実世界の事象や問題を数学化し，問題を解決したり変化を予測したりする。 例：文化祭でたこ焼き屋を出店するのに，過去のデータから一定の利益を上げつつ安い価格を設定する。データをもとにするモデルを考案し，地球温暖化を考える。	日常生活で直面しそうな場面で，相手意識をもって自分の言いたいことを英語で表現し伝え合う。 例：地元の商店街に配布すべく，地元の観光食べ歩きマップを使った英語での会話問答集を作成する。オンラインでつないで海外の姉妹校の生徒に日本のおすすめスポットを紹介する。	実用的テクストを読み解き作成したり，他者と論理的に意思疎通したり議論したりする。 例：読書を推進するための取組みを全校生徒に提案するために，資料やデータを収集・参照したりしながら，自分の考えをまとめる。社会問題について討論する会を開く。
学問的・文化的文脈	事象や史料を批判的に読み解き，根拠を明らかにしながら解釈や結論を導き出す。 例：アニメの舞台のモデルがどの地域なのかを自然環境や人間描写などから推理する。異なる立場から書かれた史料を読み比べ，解釈の分かれる歴史上の出来事の真相を探る。	問いや仮説を検証するために必要な実験手順を考えたり，事実から得られたことを考察したり，さらなる検証手順を考えたりする。 例：静止摩擦力について学んだあと，動摩擦力について調べる実験を計画・実施し結果を考察し，実験を練り直す。	数学的な問題や命題を論証し，筋道立てて説明し，統合的・発展的に問いを見出す。 例：三角形の面積を求める様々な公式の論証過程をわかりやすく説明・表現する。教科書の例題や適用問題から数値や条件を変えて問題をつくり，算額風にその解答と解説を作成する。	英語で書かれた専門的なテクストを読み解き，パブリックな場面で論理的に議論を組み立てる。コミュニケーションする。 例：教科書本文の内容と，それと異なる見解を記した英文を読み比べ，英語で各テクストの内容を要約しつつ，自分の意見を論理的にエッセイにまとめる。	学問的・古典的テクストについて，複数のテクストを読み比べたりしながら，解釈や主題への理解を深める。 例：教科書のテクストと関連するテクストを素材に，その主題に関して，論拠を挙げて意見文をまとめる。古文の一場面をグループで劇化する。

内容知優勢　　　　　　　　　　　　　　　　　　　　　　　　　　方法知優勢

図45. 各教科の真正の課題のパターン（筆者作成）

ロの仕事やあこがれのパフォーマンスといったモデルを具体的に意識化したりして，プロの目線・着眼点や物事の捉え方・考え方といった「本質的なプロセス」，およびプロセスを導く善さやうまさの規準を共有することが重要です。

「社会的・実用的文脈」を意識したパフォーマンス課題

　図46〜50（99-103頁）のパフォーマンス課題は，基本的には「社会的・実用的文脈」を意識したものと見ることができます。いずれも「逆向き設計」論をふまえて，「思考・判断・表現」と「主体的に学習に取り組む態度」を一体的に評価するためのルーブリックと共に作成されています。

例①「言葉がもつ力や働きを理解し，人の心を動かす表現を考えよう」……**図46**（99頁）は51頁でも示した国語の課題で，学校説明会用のキャッチコピーという実用的テキストを作成する経験を通して，人の心を動かす表現について実践的に学ぶものです。

例②「政治参加と公正な世論の形成　選挙の意義と課題」……**図47**（100頁）の公民の課題は，投票率を上げるための方策を提案するという文脈で，SNSの活用という論争的な問題について考え，様々な立場に立ちながら民主主義を実現する仕組みについて学び深めるものです。

例③「場合の数と確率」……**図48**（101頁）の数学の課題は，学園祭のクラス企画で実施する射的ゲームの価格を決める現実場面を数理的にモデル化し，事象の確率や期待値を求めたりしながら，数学的論拠をもって提案を考察・検討するものです。

例④「物質量と化学反応式」……**図49**（102頁）の理科の課題は，「社会的・実用的文脈」から入りつつ，説得力のある提案ができるために必要なデータが得られているかを判断し，追加でどのようなデータが必要でどのような実験を計画すべきかを考える，「学問的・文化的文脈」としても展開されています。

例⑤「非言語コミュニケーション手段の働きを理解し，施設などの説明をしよう」……**図50**（103頁）の外国語の課題は，タイ出身の留学生が学校生活で困らないよう，ピクトグラムを使った校内の案内図と教室や施設の説明をする動画を英語で作成するという，相手意識をもって必要な情報を英語で伝えるものです。

1 単元名	単元（題材）名：言葉がもつ力や働きを理解し，人の心を動かす表現を考えよう。【書くこと】

「内容のまとまり」
〔知識及び技能〕　(1) 言葉の特徴や使い方に関する事項
〔思考力，判断力，表現力等〕　「B　書くこと」

単元（題材）目標
(1)・　言葉には，認識や思考を支える働きがあることを理解する。〔知識及び技能〕　(1) ア
　・　実社会において理解したり表現したりするために必要な語句の量を増すとともに，語句や語彙の構造や特色，用法及び表記の仕方などを理解し，文章の中で使うことを通して，語感を磨き語彙を豊かにする。〔知識及び技能〕　(1) エ
(2)　自分の考えや事柄が的確に伝わるよう，相手意識に基づき，文章の種類や，文体，語句などの表現の仕方を工夫する。
　　〔思考力，判断力，表現力等〕　「B　書くこと」(1) ウ
(3)　言葉がもつ価値への認識を深めるとともに，言葉を通して他者や社会に関わろうとする態度を養う。〔学びに向かう力，人間性等〕

観点別評価規準

	①知識・技能	②思考・判断・表現	③主体的に学習に取り組む態度
2 単元目標	・　言葉には，認識や思考を支える働きがあることを理解している。 ・　実社会において理解したり表現したりするために必要な語句の量を増すとともに，語句や語彙の構造や特色，用法及び表記の仕方などを理解し，文章の中で使うことを通して，語感を磨き語彙を豊かにしている。	「書くこと」において，自分の考えや事柄が的確に伝わるよう，相手意識に基づき，文章の種類や，文体，語句などの表現の仕方を工夫している。	言葉を通じて積極的に他者や社会に関わったり，学習の見通しをもって思いや考えを広げたり深めたりしながら，相手意識に基づいて適切な言葉を選択し，効果的に表現する工夫をしようとしている。

【知識・技能】 ○言葉の働き ・認識や思考を支える言葉の働き ○語彙 ・実社会において理解したり表現したりするために必要な語句 ・語句や語彙の構造や特色，用法及び表記の仕方	**【重点目標】（見方・考え方）** **「本質的な問い」** 人の心を動かす表現（言葉）とは，どのようなものか。 **「(問いに対する) 理解」** 人の心を動かす表現（言葉）とは，相手意識に基づいて吟味し，練り上げられた表現（言葉）である。

3 評価方法	**【パフォーマンス課題以外の評価方法】** ・客観テスト（小テスト） ・記述分析（ワークシート） ・ポートフォリオ評価	**【パフォーマンス課題】** 　あなたは，キャッチコピーライターです。コロナ禍の影響で中学生対象の学校説明会を開くことができなくなった○○高等学校から，学校案内の表紙に掲載するキャッチコピーを依頼されました。充実した高校生活を過ごしたいと考えている中学生やその保護者の心をつかむために，○○高等学校の魅力を簡潔に表した表現を考えなくてはなりません。 　○○高等学校のキャッチコピー及び校長先生へのプレゼンテーション用の説明を考えなさい。

		A	B	C
4 ルーブリック	②思・判・表	キャッチコピーを見た人が○○高等学校に興味・関心を抱き，入学したいと考えるような言葉を考え，文の組み立てや表記の仕方，表現技法等の優れた工夫を凝らしている。	キャッチコピーを見た人が○○高等学校に興味・関心をもつ言葉を考え，文の組み立てや表記の仕方，表現技法等の工夫を凝らしている。	キャッチコピーを見た人が○○高等学校に興味・関心を引く言葉を考え，文の組み立てや表記の仕方，表現技法等の工夫をしている。
	③主体的	作品の完成に向けて，相手（中学生・保護者）や目的（○○高等学校の学校案内）に関する多くの情報を収集・整理・分類しながら，多面的に考察して，表現を練り上げようとしている。	作品の完成に向けて，相手（中学生・保護者）や目的（○○高等学校の学校案内）に関する情報を収集・整理・分類しながら，表現を選んで組み合わせようとしている。	作品の完成に向けて，相手（中学生・保護者）や目的（○○高等学校の学校案内）に関する情報を収集しながら，表現に結び付けようとしている。

※　「おおむね満足できる」状況をBとする。
※　「②思考，判断，表現」については，キャッチコピーで評価する。
※　「③主体的に学習に取り組む態度」については，プレゼンテーション用の説明文で評価する。

※京都大学大学院教育学研究科 E.FORUM を参考に作成

図 46.　国語のパフォーマンス課題（広島県教育委員会高校教育指導課提供資料より）

第4章　「学びの舞台」をどうつくるか

1 単元名	**単元（題材）名**：主題④「政治参加と公正な世論の形成」　1　選挙の意義と課題

「内容のまとまり」
B　自立した主体としてよりよい社会の形成に参画する私たち　第2章「政治的な主体となる私たち」

単元（題材）目標
(1)・　政治参加と公正な世論の形成に関わる現実社会の事柄や課題を基に，よりよい社会は，憲法の下，個人が議論に参加し，意見や利害の対立状況を調整して合意を形成することなどを通して築かれるものであることについて理解すること。〔知識及び技能〕
　　・　現実社会の諸課題に関わる諸資料から，自立した主体として活動するために必要な情報を適切かつ効果的に収集し，読み取り，まとめる技能を身に付けること。〔知識及び技能〕
(2)　法，政治及び経済などの側面を関連させ，自立した主体として解決が求められる具体的な主題を設定し，合意形成や社会参画を視野に入れながら，その主題の解決に向けて事実を基に協働して考察したり構想したりしたことを，論拠をもって表現すること。〔思考力，判断力，表現力等〕
　　　〔思考力，判断力，表現力等〕　「B　書くこと」(1) ウ
(3)　「自立した主体としてよりよい社会の形成に参画する私たち」について，よりよい社会の実現を視野に，現代の諸課題を主体的に解決しようする態度を身に付ける。〔学びに向かう力，人間性等〕

観点別評価規準

	①知識・技能	②思考・判断・表現	③主体的に学習に取り組む態度
2 単元目標	・　政治参加と公正な世論の形成に関わる現実社会の事柄や課題を基に，よりよい社会は，憲法の下，個人が議論に参加し，意見や利害の対立状況を調整して合意を形成することなどを通して築かれるものであることについて理解している。 ・　現実社会の諸課題に関わる諸資料から，自立した主体として活動するために必要な情報を適切かつ効果的に収集し，読み取り，まとめている。	・　法，政治及び経済などの側面を関連させ，自立した主体として解決が求められる具体的な主題を設定し，合意形成や社会参画を視野に入れながら，その主題の解決に向けて事実を基に協働して考察したり構想したりしたことを，論拠をもって表現している。	・　「自立した主体としてよりよい社会の形成に参画する私たち」について，よりよい社会の実現を視野に，現代の諸課題を主体的に解決しようとしている。

「知識・技能」 〇知識 ・民主主義社会では，憲法の下，個人が議論に参加し，意見や利害の対立状況を調整して合意を形成するための制度が整えられていることを理解している。 〇技能 ・選挙や政治制度に関わる諸資料から，必要な情報を適切かつ効果的に収集し，読み取り，まとめている。	**【重点目標】（見方・考え方）** **本質的な問い** 民主主義を実現するにふさわしい政治制度とは，どのようなものか。 **【（問いに対する）理解】** さまざまな意見を持つ国民の意見を反映させることができる選挙制度や，国民の信託を受けた国家が権力を濫用することなく公正に判断し，その判断に対していつでも主権者である国民が正しい情報を基に審判できる体制が整えられた開かれた政治制度。

3 評価方法	**【パフォーマンス課題以外の評価方法】** ・小テスト ・ワークシートの記述の確認 ・ポートフォリオ評価	**【パフォーマンス課題】** 　あなたは，市の選挙管理委員会から，「どうすれば投票率が高くなるか」について相談を受け，その方策について提案することになりました。そこでSNSを活用した選挙運動や投票について提案しようと思いますが，SNSによる運動等には様々な制約があり，また高齢者にとってもハードルが高いことに気が付きました。 　あなたは，これらの課題を含め，どのような提案をしますか。

		A	B	C
4 ルーブリック	②思・判・表	「投票率の低さ」について分析し，投票率向上のための SNS 活用法について，民主主義を実現させる選挙のあり方を踏まえ，様々な立場に立ちながら考察し，表現できている。	「投票率の低さ」について分析し，投票率向上のための SNS 活用法について，様々な立場に立ちながら考察し，表現できている。	「投票率の低さ」について分析し，投票率向上のための SNS 活用法について表現できている。
	③主体的	「投票率の低さ」について，課題意識を持ち，社会のよりよいあり方を追究しながら主体的に解決しようとしている。	「投票率の低さ」について，課題意識を持ち，主体的に解決しようとしている。	「投票率の低さ」について，課題意識を持っている。

　※「おおむね満足できる」状況をBとする。

※京都大学大学院教育学研究科 E.FORUM を参考に作成

図 47. 公民のパフォーマンス課題（広島県教育委員会高校教育指導課提供資料より）

1 単元名	単元（題材）名：場合の数と確率（確率）

「内容のまとまり」
数学A （2）場合の数と確率

単元（題材）目標
(1)・ 確率の意味や基本的な法則についての理解を深め，それらを用いて事象の確率や期待値を求める。〔知識及び技能〕ア（ウ）
　・ 独立な試行の意味を理解し，独立な試行の確率を求める。〔知識及び技能〕ア（エ）
　・ 条件付き確率の意味を理解し，簡単な場合について条件付き確率を求める。〔知識及び技能〕ア（オ）
(2)・ 確率の性質や法則に着目し，確率を求める方法を多面的に考察する。〔思考力，判断力，表現力等〕イ（イ）
　・ 確率の性質などに基づいて事象の起こりやすさを判断したり，期待値を意思決定に活用したりする。〔思考力，判断力，表現力等〕イ（ウ）
(3)・ 確率のよさを認識し積極的に活用しようとしたり，粘り強く考え数学的論拠に基づいて判断したりしようとする態度を養う。〔学びに向かう力，人間性等〕
　・ 問題解決の過程を振り返って考察を深めたり，評価・改善したりしようとする態度を養う。〔学びに向かう力，人間性等〕

2 単元目標 観点別評価規準

①知識・技能	②思考・判断・表現	③主体的に学習に取り組む態度
・ 確率の意味や基本的な法則についての理解を深め，それらを用いて事象の確率や期待値を求めることができる。 ・ 独立な試行の意味を理解し，独立な試行の確率を求めることができる。 ・ 条件付き確率の意味を理解し，簡単な場合について条件付き確率を求めることができる。	・ 確率の性質などに着目し，確率を求める方法を多面的に考察することができる。 ・ 確率の性質などに基づいて事象の起こりやすさを判断することができる。 ・ 期待値を意思決定に活用して，判断できる。	・ 確率の考え方についてのよさを認識し，事象の考察や問題の解決に活用しようとしている。 ・ 確率や期待値の考えを活用した問題解決において，粘り強く考え，その過程を振り返って考察を深めたり評価・改善しようとしている。

【知識・技能】 ・確率の意味や基本的な法則 ・独立な試行の確率 ・期待値	【重点目標】（「見方・考え方」） 「本質的な問い」 確率を用いるよさとは，どのようなものか。 「（問いに対する）理解」 確率を用いるよさとは，不確実な事象に対しても，その可能性を数学的論拠として示すことができ，自分の意思決定の根拠として活用できるものである

3 評価方法

【パフォーマンス課題以外の評価方法】 ・小テスト ・行動観察 ・振返りシート	【パフォーマンス課題】 　学園祭でクラス企画として射的ゲームを出店することになり，企画担当者のあなたは，クラスの他の企画担当者と企画内容について協議しています。企画している射的ゲームは，一定の離れた位置から，回転する円盤に向けて射的を行い，当たった等級に応じて景品を出すものです。Aさんが，右図のような半径50cmの円盤を基に的を作成しました。 以下，企画担当者が協議している会話の一部です。

Aさん	「的ができたよ（図）。次は，射的をする位置についてだけど，プレーヤーが的から5m離れた位置から射的をすると，2回中1回くらいは的に当たりそうだね。2m離れた位置だと5回中4回は当たるかな。」
Bさん	「位置も考える必要があるけど，1等，2等，3等の商品の金額や参加料はいくらくらいがいいかな。」
Cさん	「じゃあ，射的は2m離れた位置から行い，景品は1等800円，2等400円，3等100円にして，参加料を200円に設定したらどうかな。」

あなたはCさんの提案に対して，どのように考えますか。次の協議に向けて「Cさんの提案の条件設定」について，あなたの考えをまとめてください。

4 ルーブリック

		A	B	C
②思・判・表		各等の面積比から確率を考えるなど，事象の確率を考察し，期待値を求めることにより，条件設定について考察し，改善案を提示している。	各等の面積比から確率を考えるなど，事象の確率を考察し，期待値を求めることにより，条件設定について考察している。	確率や期待値を求めるにとどまっている。
③主体的		数学的論拠を基に多面的に考察するために，Aさんの考えにも着目するなどしながら，Cさんの提案について論じている。	数学的論拠を基に，Cさんの提案に対してのみ論じている。	数学的な視点を持たずに，Cさんの提案について論じている。

※「おおむね満足できる」状況をBとする。

※京都大学大学院教育学研究科 E.FORUM を参考に作成

図48. 数学のパフォーマンス課題（広島県教育委員会高校教育指導課提供資料より）

第4章 「学びの舞台」をどうつくるか

1 単元名	単元（題材）名：物質量と化学反応式
	「内容のまとまり」 (3) 物質の変化とその利用

	単元（題材）目標
	(1)・ 物質量と粒子数，質量，気体の体積との関係について理解するとともに，それらの観察，実験などに関する技能を身に付ける。〔知識及び技能〕 (3) ア (ア) ⑦ ・ 化学反応に関する実験などを行い，化学反応式が化学反応に関与する物質とその量的関係を表すことを見いだして理解するとともに，それらの観察，実験に関する技能を身に付ける。〔知識及び技能〕 ア (ア) ④ (2) 物質の変化とその利用について，観察，実験などを通して探究し，物質の変化における規則性や関係性を見いだして表現する。〔思考力・判断力・表現力等〕 (3) イ (3) 物質とその変化に主体的に関わり，科学的に探究しようとする態度を養う。〔学びに向かう力，人間性等〕

観点別評価規準

	①知識・技能	②思考・判断・表現	③主体的に学習に取り組む態度
2 単元目標	物質の変化とその利用ついて，物質量と化学反応式を理解しているとともに，それらの観察，実験などに関する技能を身に付けている。	物質の変化とその利用について，観察，実験などを通して探究し，物質の変化における規則性や関係性を見いだして表現している。	物質の変化とその利用に主体的に関わり，見通しをもったり振り返ったりするなど，科学的に探究しようとしている。

	「知識・技能」	【重点目標】（「見方・考え方」）
	・物質量と原子量，分子量，式量との関係 ・物質量とモル質量との関係 ・気体の体積と物質量のとの関係 ・溶液の体積と溶媒の物質量との関係（モル濃度） ・化学反応式の係数の比と化学反応における物質量の比の関係 ・物質の変化量を化学反応式から求める方法 ・物質の変化とその利用の観察，実験などに関する技能	**「本質的な問い」** 化学反応式は何を表しているのか。また，化学反応式を利用すると，どのようなことができるのか。 **I（問いに対する）理解】** 化学反応式は，化学反応に関与する物質とその量的関係を表している。化学反応式の係数の比が化学反応における物質量の比を表しており，これを利用することで，物質の変化量（粒子の個数，物質量，質量，気体反応の場合は体積）を求めることができる。

3 評価方法	【パフォーマンス課題以外の評価方法】	【パフォーマンス課題】
	・技能テスト ・ワークシート ・小テスト ・定期考査	広島県は全国一のカキの生産量を誇っています。一方で，大量のカキ殻が生じており，それを有効利用する方法が求められています。総合的な探究の時間に，その利用方法を調べていたあなたは，採卵鶏のカルシウム給源としてカキ殻をエサに混ぜるという方法を知りました。 　地域には採卵鶏のエサを製造している会社がありますが，その原料を調べると，カキ殻ではなくホタテ殻を使用していることが分かりました。 　あなたはこの会社に，ホタテ殻ではなくカキ殻を使用してもらうことを提案するために，カキ殻を使用した方が，採卵鶏のカルシウム摂取量が多くなり質の良い卵が得られることをアピールできないかと考えました。 　カキ殻とホタテ殻に含まれるカルシウムは，全て炭酸カルシウムとして存在すると仮定してそれぞれの殻の炭酸カルシウムの純度〔％〕を実験により求めなさい。 　また，この実験で得られるデータだけで，十分説得力のある提案ができると判断する場合は，カキ殻を使用してもらうよう提案するための文章を書きなさい。不十分であると判断する場合は，①追加でどのようなデータがあればよいか，②そのデータを得るためにどのような観察，実験を行うのか，③どのような結果を期待するのか，④そう考えた理由，を書きなさい。

		A	B	C
4 ルーブリック	②思・判・表	実験結果を分析・解釈して，カキ殻やホタテ殻の炭酸カルシウムの純度を一つの計算式により求めるなど，効率的に求めている。	実験結果を分析・解釈して，カキ殻やホタテ殻に含まれる炭酸カルシウムの質量を求め，それを基に炭酸カルシウムの純度を求めている。	実験結果を基に，カキ殻やホタテ殻の炭酸カルシウムの質量や純度を求めようとしているが，その過程に不備がある。
		カキ殻やホタテ殻の炭酸カルシウムの純度を求める過程を，探究の過程を踏まえて，図，表，グラフ等を効果的に用いて適切に表現している。	カキ殻やホタテ殻の炭酸カルシウムの純度を求める過程を，探究の過程を踏まえて適切に表現している。	カキ殻やホタテ殻の炭酸カルシウムの純度を求める過程を表現している。
	③主体的	カキ殻やホタテ殻の炭酸カルシウムの純度を求める探究活動に試行錯誤しながら取り組み，新たな課題を見いだしている。	カキ殻やホタテ殻の炭酸カルシウムの純度を求める探究活動に試行錯誤しながら取り組んでいる。	カキ殻やホタテ殻の炭酸カルシウムの純度を求める探究活動に興味をもって取り組んでいる。
		提案の説得力を高めるため，追加で得るデータやそれを得るための観察，実験等を複数設定している。	提案の説得力を高めるため，追加で得るデータやそれを得るための観察，実験等を設定している。	説得力のある提案をしようとしている。
	※「おおむね満足できる」状況をBとする。			

※京都大学大学院教育学研究科 E.FORUM を参考に作成

図 49．理科のパフォーマンス課題 （広島県教育委員会高校教育指導課提供資料より）

■■ 高等学校 本校・分校 全日制 課程 第 1 学年	教科・科目名：外国語・英語コミュニケーションⅠ

単元（題材）名：非言語コミュニケーション手段の働きを理解し，施設などの説明をしよう。【話すこと〔発表〕】

<table>
<tr><td rowspan="2">1
単元名</td><td colspan="2">「内容のまとまり」
〔知識及び技能〕　(1) 英語の特徴やきまりに関する事項（エ　文構造及び文法事項）
〔思考力，判断力，表現力等〕　イ　日常的な話題や社会的な話題について，英語を聞いたり読んだりして得られた情報や考えなどを活用しながら，話したり書いたりして情報や自分自身の考えなどを適切に表現すること。</td></tr>
</table>

<table>
<tr><td rowspan="4">2
単元目標</td><td colspan="3">単元（題材）目標
(1)・　助動詞や位置を表す表現を用いた文の構造を理解する。〔知識及び技能〕
　・　適切な助動詞や位置を表す表現を用いて，施設の場所や使用目的などを伝えるための技能を身に付ける。〔知識及び技能〕
(2)・　非言語コミュニケーション手段（ピクトグラム）の特徴や解釈の違いなどを理解する。〔思考力，判断力，表現力等〕ア
　・　ある場所に馴染みのない人に理解してもらえるように，施設などの位置や使用目的などについて，適切な英語で説明することができる。〔思考力，判断力，表現力等〕イ
(3)　外国語の背景にある文化に対する理解を深め，聞き手に配慮しながら，主体的，自律的に外国語を用いてコミュニケーションを図ろうとする態度を養う。〔学びに向かう力，人間性等〕</td></tr>
<tr><td colspan="3">観点別評価規準</td></tr>
<tr><td>①知識・技能</td><td>②思考・判断・表現</td><td>③主体的に学習に取り組む態度</td></tr>
<tr><td>＜知識＞
助動詞や位置を表す表現を用いた文の構造を理解している。
＜技能＞
ある場所の案内について，教室や施設の位置や使用目的，利用上の注意事項などを整理し，助動詞や位置を表す表現を用いて伝える技能を身に付けている。</td><td>ある場所に馴染みのない人に理解してもらえるように，施設などの位置や使用目的，利用上の注意事項などについて整理し，非言語コミュニケーションの手段を活用しながら，適切な英文で伝えている。</td><td>ある場所に馴染みのない人に理解してもらえるように，施設などの位置や使用目的，利用上の注意事項などについて整理し，非言語コミュニケーションの手段を活用しながら，主体的に英語を用いて話そうとしている。</td></tr>
</table>

「知識・技能」	【重点目標】（見方・考え方） 「本質的な問い」
○知識 　助動詞の用法及び位置を表す表現 ○技能 　聞き手に配慮し，場面や状況に応じて，適切な助動詞や位置を表す表現を用いて伝えるための技能	・ある場所に馴染みのない人に，必要とする情報を理解してもらうためにはどうすればよいか。 ・相手が必要とする情報を英語で正しく伝えるためには，どうすればよいか。 ‥‥‥‥‥‥‥‥‥‥‥‥‥‥‥‥‥‥‥‥‥‥‥‥‥‥‥‥‥ 「（問いに対する）理解」 ある場所に馴染みのない人に，必要とする情報を理解してもらうためには，非言語によるコミュニケーション手段を補助的に活用するとよい。また，相手が必要とする情報を正しく伝えるためには，状況や場面に応じて，適切な助動詞などを使用するとよい。

<table>
<tr><td rowspan="2">3
評価方法</td><td>【パフォーマンス課題以外の評価方法】
・小テスト
・ワークシートの記述の確認
・ポートフォリオ評価</td><td>【パフォーマンス課題】
　あなたのクラスに，タイ出身の留学生○○○君が来ることになりました。彼は，日本文化，特に日本のアニメに関心がありますが，母国の家族と離れて生活することや言葉が通じないことに不安を持っているようです。
　そこで，あなたのクラスでは，○○○君が学校生活で困らないように，ピクトグラムを使った校舎の案内図と教室や施設の説明をする動画を作成することにしました。グループごとに，割り当てられた階又は区域の案内看板用のピクトグラムを作成し，教室や施設について英語で説明しましょう。</td></tr>
</table>

<table>
<tr><td rowspan="3">4
ルーブリック</td><td></td><td>A</td><td>B</td><td>C</td></tr>
<tr><td>②
思・判・表</td><td>非言語コミュニケーション手段（ピクトグラム）の特徴と関連付けながら，相手が必要とする情報（教室や施設の使用目的や場所，注意事項等）について説明している。</td><td>非言語コミュニケーション手段（ピクトグラム）と関連付けながら，教室又は施設の場所と使用目的など，相手が必要とする最低限の情報について説明している。</td><td>教室又は施設の場所と使用目的など，相手が必要とする最低限の情報について説明しているが，非言語コミュニケーション手段（ピクトグラム）との関連付けがない。</td></tr>
<tr><td>③
主体的</td><td>ある場所に馴染みのない相手（聞き手）に配慮して，話す速度や相手が理解しやすい表現，非言語コミュニケーション手段（ピクトグラム）などを効果的に用いて，必要な情報を伝えようとしている。</td><td>ある場所に馴染みのない相手（聞き手）に配慮して，相手が理解しやすい表現や，非言語コミュニケーション手段（ピクトグラム）を用いたりして，必要な情報を伝えようとしている。</td><td>ある場所に馴染みのない相手（聞き手）に対して，相手が理解しやすい表現や，非言語コミュニケーション手段（ピクトグラム）を用いたりするなどの配慮がなされていない。</td></tr>
<tr><td colspan="4">※「おおむね満足できる」状況をBとする。</td></tr>
</table>

※京都大学大学院教育学研究科 E.FORUM を参考に作成

図 50. 外国語のパフォーマンス課題（広島県教育委員会高校教育指導課提供資料より）

第4章

「学びの舞台」をどうつくるか

社会全体でデジタル化やデータ利活用が進んでいる状況をふまえれば，教科等横断的な視野をもちながら，データの収集・分析のプロセスを含んだ課題の設計も考えられるでしょう。たとえば**図 51** は地理総合の「地図の役割と種類」の単元でのパフォーマンス課題で，入学してくる生徒の居住データにはどんな特徴があるのかを分析し，学校広報戦略の提案を作成し発表するというものです。生徒たちは地図や地理情報システムなどを用いて情報を収集し，特徴を読み取ったり地理的条件から傾向を分析したりして，色付けなどを工夫しながら，データの分布をわかりやすく地図にまとめていきます。

パフォーマンス課題のワークシート

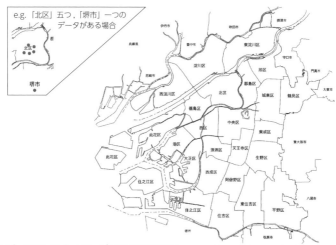

図 51. 地理総合のパフォーマンス課題 （濱田勇輝先生（大阪府立桜和高等学校）が作成）

生徒のパフォーマンスの概要

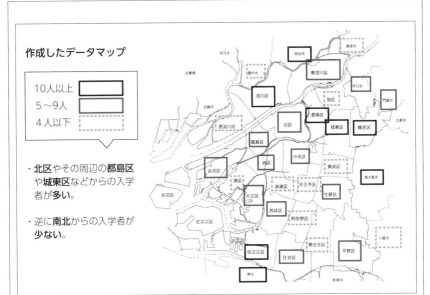

作成したデータマップ

10人以上	
5〜9人	
4人以下	

・北区やその周辺の**都島区**や**城東区**などからの入学者が**多い**。

・逆に**南北**からの入学者が**少ない**。

どこからの入学者が多いのか？

・大阪市東側からが多い
➡ 共通意見　<u>近いから</u>（公共交通機関が多いから）
　 相違意見　放課後周りに沢山遊ぶ場所があるから

・大阪市南側からが少ない
➡ 共通意見　<u>遠いから</u>（公共交通機関が少ないから）
　 相違意見　その地域の近くに他の学校があるから
　　　　　　 そもそも<u>人口</u>が少ない

図 51

入試問題の中に真正の思考過程を見出す

　近年の高校入試や大学入学共通テストの問題を見ると，国語で学級での話し合い場面や総合学習等での議論の場面に即した出題，数学で図形や関数や確率の分野で現実を数理的にモデル化する出題，英語でコミュニケーション場面に即した出題など，「社会的・実用的文脈」に即した設問が増えています。

　「学問的・文化的文脈」についても，授業中の対話的で探究的なやり取りに即して数学的な問題解決や統合的・発展的な思考のプロセスや科学的な探究のプロセスを問う問題，対照実験などについて「条件の何を共通にそろえて何は変えるのか」といった条件統制の思考を問う問題，テーマに即して歴史を探究する場面に即した出題，共通するモチーフや主題をもつ複数の古典や論説文のテキストを読み比べて要点をメモに整理したり主題を考察したりするような問題，実際の社会問題に関わる資料やデータあるいは歴史の史料や図像を読み解き，分析・解釈したりする問題などを見出すことができます。

　良質な入試問題には，学問や社会からのメッセージが埋め込まれています。それを問題演習の道具として入試でしか使えないパターンを教える傾向が強まってはいないでしょうか。酒井淳平先生は「受験指導やテスト対策などの名目で，私たちは『思考・判断・表現』に適した課題を必死に『知識・技能』の課題にしてしまってはいないでしょうか」と問いかけています（酒井，2020）。

　数学の証明問題も多数のパターンを説明してテストで出すと予告したなら，暗記を問うものになりかねません。証明は証明として，たとえば**図52**のように思考し説明し表現するプロセスを生徒自身が紡ぎ出すことを大事にする。そもそも教科書にパッケージ化されている定理や公式や概念等は，先人たちの泥臭い試行錯誤を含んだ研究の歩みの成果です。**定型的な実験も一つ一つの手順の裏にある意味や検証したい仮説を明確にしながら実施することで，また数学の定理も数学史などを参照しながらその定理の発明に導いた問いや教科書以外の証明方法などに目を向けたりすることで，パッケージ化されたものをほどき（unpacking），真正の思考過程を見出すことができます。**たとえば平方完成や五角形の内角の和の求め方が既習事項である場合にも，「思考・判断・表現」を育てる題材と見るならば，答えを出すことの先に説明，論証したり，発展的に問いを導き出す素材として，深めたりしていくことができるでしょう。

課題の概要

$$n(A \cup B \cup C) = n(A) + n(B) + n(C) - n(A \cap B) - n(B \cap C) - n(C \cap A) + n(A \cap B \cap C)$$

3つの集合の和集合の公式について成り立つことをＡ４サイズの紙１枚（片面）に，文章・図を使いながら分かりやすくまとめなさい。
色を使って見やすくしても，会話している様子などを書いてもよい。

生徒の記述例

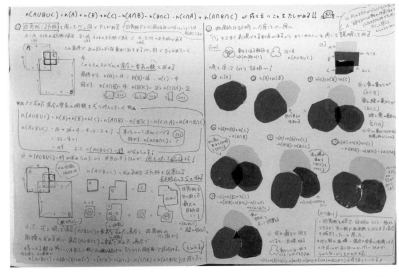

図 52. 数学のパフォーマンス課題（田頭修先生（大阪府立寝屋川高等学校）が作成）

一人前の生活者・主権者を育てる有意味な学びへ

　５教科は大学入試の影響を強く受けますが，受験準備や専門教育のみならず一人前の大人や生活者として必要な，目の前の彼・彼女らの生活にとって意味のある教科の学びのあり方を考えることも重要でしょう。仲間内以外の人たちに対して，順序だて筋道だてて意見を述べることが難しい生徒たちの状況（現下の言語生活）を見て，論理的に意見を述べるパブリックな言葉の力（高次の言語生活）を育てたい，数学で複利計算等のリスクを予測したり量的に実感したりする力を育てたい，公民の授業で労働契約書の取り方など労働者として主権者として必要な知を体験的につかませたいといった具合です。

プロ（熟達者）らしい思考ができている程度（熟達度）を評価する

　「舞台」「発表会」「試合」として評価を組み立てるといった具合に，真正の学びやパフォーマンス評価は，技術・芸術・スポーツ系の教科・科目，あるいは専門学科等での職業専門性の高い学びのエッセンスをいわゆる5教科でも生かすものです。これらの教科・科目では「実際にやらせてみて評価する」という，実技テストや実習による評価がなされてきました。すなわち方法知（do）が中心であったわけですが，いっぽうでゲーム的な“do”が育てられていたかどうかは改めて問うてみる必要があるでしょう。ゲームはただ体験するのみで，実際の目標や評価はドリル的なものに焦点化されてはいなかったか。

　サーブ，フォアハンドのストローク，ボレーといった一つ一つの要素が上手だからといって，「テニスの試合で上手にプレイできる」とは限りません。逆にサーブがうまくなくても，ほかの技術で補うことで巧みにプレーする人もいるでしょう。「テニスの試合で上手にプレイできる」ためには，個別的な技能の何をどう組み合わせるかに関する実践的思考の過程が重要です。**パフォーマンス評価として試合場面を位置づける場合，学習者の思考過程について，問題把握の的確さ，判断の際に重視している視点の包括性や妥当性，いわばプロ（熟達者）らしい思考ができている程度（熟達度）を評価するのです。**「見方・考え方」は，実践的思考に埋め込まれていて，実践場面での判断や行動に表れるその道のプロらしい思考の枠組み（物事を捉える教科固有の眼鏡（目の付け所）と頭の働かせ方）を指すのです。

　いわゆる実技教科は，身体や手を動かせるから楽しいということで終わらせないために，そして真に現代社会で生きて働く実力につながる学びを実現していくために，歴史と未来の視点からゲーム自体の質を問い直すことも重要です。たとえばネット型球技でみんなが楽しく勝敗を競い合えるような戦術と作戦を立てる（**図53**）ことは，ポジション等の工夫にとどまらず，ラリー（ボールをコートに落とさないでつなぐこと）の楽しさとスパイク（ラリーを断ち切ってボールをコートに落とすこと）の楽しさとの矛盾という，バレーボールの歴史において繰り返し議論されてきた論点にもつながります。その競技やものづくりの歴史をふまえると，「ゲーム」に深みが出てくるのです。

1 単元名	単元（題材）名：球技（ネット型：バレーボール）
	「内容のまとまり」 E　球技（イ　ネット型）

<table>
<tr><td rowspan="2">2
単元目標</td><td colspan="3">

単元（題材）目標
(1)　勝敗を競う楽しさや喜びを味わい、技術の名称や行い方、体力の高め方、運動観察の方法などを理解するとともに、作戦に応じた技能で仲間と連携しゲームを展開すること。ネット型では、役割に応じたボール操作や安定した用具の操作と連携した動きによって空いた場所をめぐる攻防をすることができるようにする。〔知識及び技能〕(1)　イ
(2)　攻防などの自己やチームの課題を発見し、合理的な解決に向けて運動の取り組み方を工夫するとともに、自己や仲間の考えたことを他者に伝えることができるようにする。〔思考力・判断力・表現力等〕
(3)　主体的に取り組むとともに、フェアなプレイを大切にしようとすること、作戦などについての話し合いに貢献しようとすること、一人一人の違いに応じたプレイを大切にしようとすること、互いに助け合い教え合おうとすることなどや、健康安全を確保することができるようにする。〔学びに向かう力・人間性等〕
</td></tr>
<tr><td colspan="3">

観点別評価規準
</td></tr>
</table>

	①知識・技能	②思考・判断・表現	③主体的に学習に取り組む態度
	技術の名称や行い方、体力の高め方、運動観察の方法などについて、言ったり書きだしたりしている。（知識） 役割に応じたボール操作や安定した用具の操作と連携した動きによって空いた場所をめぐる攻防をすることができる。（技能）	攻防などの自己やチームの課題を発見し、合理的な解決に向けて運動の取り組み方を工夫するとともに、自己や仲間の考えたことを他者に伝えることができる。	球技に自主的に取り組むとともに、（フェアなプレイを大切にしようとすること）、作戦などについての話し合いに貢献しようとすること、一人一人の違いに応じたプレイなどを大切にしようとすること、（互いに助け合い教え合おうとすることなどをしたり）、健康・安全を確保したりしている。

	「知識・技能」 〇知識 ・技術や戦術、作戦には名称があり、それらをゲーム中に適切に発揮することが攻防のポイントであることを理解している。（知識） ・技術には、ボール操作とボールを持たないときの動きがあることを理解している。（知識） 〇技能 ・ボールを相手側のコートの空いた場所やねらった場所に打つことができる。（技能） ・ポジションの役割に応じて、拾ったりつないだり打ち返したりすることができる。（技能）	**【重点目標】（「見方・考え方」）** **【本質的な問い】** ネット型の球技（バレーボール）において、みんなが楽しさや喜びを味わうためにはどうすれば良いだろうか。 **「（問いに対する）理解」** バレーボールでは、体力や技能等の違いに配慮してポジションやフォーメーション、作戦・戦術を考え、ポジションの役割に応じたボールの操作によって、仲間と連携した「拾う、つなぐ、打つ」などの一連の流れで攻撃を組み立てるなどして、相手側のコートの空いた場所をめぐる攻防を展開することで、みんなが楽しさや喜びを味わうことができる。

3 評価方法	**【パフォーマンス課題以外の評価方法】** ・技能観察 ・ワークシート等の記述内の分析	**【パフォーマンス課題】** 　特別ルールとして1～3打目のいずれかをキャッチしてよい簡易ゲームを行うこととします。これまでの練習やゲームを踏まえて、みんなが楽しく勝敗を競い合えるチームごとの戦術や作戦を立ててみましょう。

4 ルーブリック		A	B	C
	②思・判・表	体力や技能の程度等に配慮して、仲間とともにゲームを楽しむための効果的な戦術や作戦を見付け、他者に伝えている。	体力や技能の程度等に配慮して、仲間とともにゲームを楽しむための戦術や作戦を見付けている。	体力や技能の程度等に配慮して、仲間とともにゲームを楽しむための戦術や作戦を見付けることができていない。
	③主体的	作戦などの話合いについて、自己の考えにより相手の感情に配慮しながら発言したり、提案者の発言に同意したりしてチームの話合いを進めようとしている。	作戦などの話合いについて、自己の考えを述べたり相手の話を聞いたりするなど、チームの話合いに責任をもって関わろうとしている。	作戦などの話合いについて、自己の考えは述べるが、チームの話合いに貢献しようとしていない。
	※「おおむね満足できる」状況をBとする。			

※京都大学大学院教育学研究科 E.FORUM を参考に作成

図53.　保健体育のパフォーマンス課題（広島県教育委員会高校教育指導課提供資料より）

第**4**章

[学びの舞台] をどうつくるか

また，たとえば工業科において，3D プリンタなどの最新のテクノロジーを用い，クライアントであるお年寄りのニーズに応えて，より複合的な製品をデザインしたりと，学校が積極的に先端技術を取り入れることで，新しい視点から地域の産業に働きかけ，イノベーションにつなげていくような展望をもつことも必要でしょう。

生徒が生きている社会や生活を豊かにする学びへ

　図 54 は，家庭基礎の単元「家族との共生」の中の「人生をつくる」という小単元でのパフォーマンス課題です。家族・家庭・世帯の違いや家庭の機能の変化，社会制度や法律など，よりよい生活を創造するために必要なことを学んだ後に学習したことを生かしてライフイベントを考え，人生すごろくを作成します。「スタートを高校入学とし，ゴールは何歳でもよいこと」や，「ライフイベントが書かれたマスは 20 個以上考えること」，また「各マスには年齢，ライフイベントの内容，プレイヤーに対する指示を書くこと」などのルールを示したうえで，ルールに沿って自由に人生すごろくを作らせ，まとめと振り返りを書かせることで評価した事例です。この課題のように，未来を見据えつつ，人生設計を考えたりして，より積極的に自己の生き方・あり方を見つめ直す学びにつなげていくことは有効でしょう。

　技術・家庭科や美術科等で作品を制作してもすぐに捨てられてしまったり，作って終わってしまったりということになってはいないでしょうか。**作ったものに美や愛着を感じたり，自分の生活を豊かにするものとして認識したりしているかどうかがポイントです。**

　たとえば小学校高学年の家庭科の栄養バランスの取れたレシピを作る課題について，「中学以降お弁当が必要になる子も増える状況をふまえて，クラスみんなのレシピを集めて弁当ブックを作成する」といった，自分たちを宛名にした協働的なプロジェクトとして展開することで，みんなのために手を抜けない状況や作ったものが自分やみんなの役に立つ見通しが生まれたりして，より有意味で生活にインパクトを与える課題となるでしょう（向井，2017）。**真正の課題は，教科の本質やレディネスを問うのみならず，生徒たちにとって切実性や学びがいを感じさせる課題ともなりうるのです。**

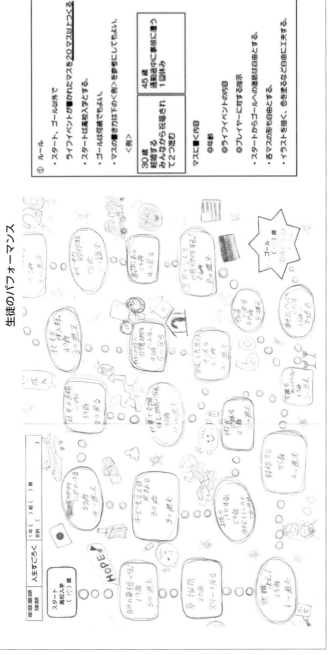

図 54. 家庭基礎のパフォーマンス課題
(『人間と家族を学ぶ家庭科ワークブック』(牧野カツコ編著、国土社) を参照し、野田豊美先生 (大阪府立貝塚高等学校) がパフォーマンス課題として作成)

**Q21 パフォーマンス評価において
ルーブリックをどう生かすか？**

思考のプロセスに着目してルーブリックを作成する

　図55の課題に対する生徒の作品をどう評価すればよいでしょうか。この課題は問題場面の中に直角三角形を見いだせば解決の糸口をつかめますが，相似な二つの直角三角形を見いだせれば，よりシンプルに解決できます。

　多くの場合，単元の指導内容である「相似」関係を使って答えが出せていれば満点で，「相似」関係を使わない解き方だったり計算が間違っていたりしたら減点する，数値を入れて図形が書けていれば部分点を与えるといった具合に，回答類型やチェックリストを当てはめて評価がなされがちです。しかしこうした評価では，力試し的に「この問題」が解けたかどうか（思考の結果）を見るだけになりがちで，その後に生かせるフィードバック情報を得ることはできません。「この手の問題」が解けるために指導が必要なことは何か，どんな力を付けないといけないのかと，**思考のプロセスに着目しながら生徒たちの表現を解釈していくことで，パフォーマンス課題は長期的に教科の見方・考え方を育てるものとして機能するようになります。**

　図55の作品例は数学的思考のプロセス（図40，89頁）を典型的に示しています。すなわち「海底は平らで，防波堤と平行」と仮定し，写真に示された状況を数学的な問題としてシンプルに抽象化・定式化する（数学的モデル化），三角形の相似条件や比の計算を駆使して問題解決する，そして一連のプロセスを図や数式を用いて順序だててわかりやすく説明する（数学的推論）。こうした思考のプロセスの節目に即して，たとえば「数学的モデル化」と「数学的推論」の二つの観点でルーブリックを作成し，この作品を解釈するわけです。思考過程に即して作成することで，ルーブリックは「相似」の問題の出来不出来を採点する基準であると同時に，数学的問題解決に取り組む際のポイント（「2」と「3」を区別する副詞や形容詞におもに表れる）を示すものになりま

中学校数学「相似」のパフォーマンス課題

生徒の作品

太郎君は，弟の次郎と一緒に防波堤に投げづりにいきました。二人で釣りを初めてしばらくすると，太郎君の竿にあたりが来ました。

太郎君は大きくタイミングを合わせて，竿を引きました。竿は大きくしなりました。「大物だ！」次郎は，そう叫ぶと持ってきたカメラで，太郎の勇姿を写真に納めました。

しかし，様子が変です。いっこうにリールを巻くことができません。「次郎ごめん，どうやら地球を釣ったみたい」「なんだ，おもりを海底に引っかけたのか」

その瞬間です。糸が切れ，針のついたおもりは海底に沈んだままとなったのです。

太郎は，「次郎，困ったことになったよ。今使っていたおもりは，お父さんが大切にしていたおもりだから，何とか引き上げないといけない」「おもりが引っかかっているのは岸から何 m かなぁ」

あなたは，太郎くんの友人としておもりが沈んでいる場所を示す必要があります。次郎君が撮った写真をもとに，岸から何 m の場所におもりが沈んでいるか調べなさい。

また，判断した理由を図や式を用いて分かりやすく説明しなさい。

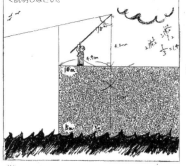

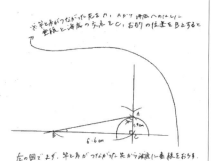

上記の作品（パフォーマンス）はルーブリックをもとにすると「数学的推論」は2で，「数学的モデル化」は3と評価される

上記パフォーマンス課題のルーブリック

	数学的推論	数学的モデル化
3- よい	無駄なく，飛躍無く説明でき，答えを求めることができている。	相似な2つの直角三角形をつくり，必要な長さを記入できる。
2- 合格	答えを求めることができているが，無駄や飛躍を一部含んでいる。	必要な長さや角の大きさを測定し，直角三角形をつくることができる。
1- もう少し	解を求めることができていない	必要な長さを測定できず，図がかけない。

図 55. 数学のパフォーマンス評価 （もと広島大学附属東雲中学校・神原一之先生の実践より）
（石井，2015）

す。もっとシンプルに解ける見たて方はないか，思考過程に無駄や飛躍はない
かといった点が，日々の授業でも課題横断的に領域横断的に教師と生徒に意識
化されるわけです＊16。そうして評価することで，教師が想定する解き方でな
くても，自分なりの方法で無理なく飛躍なく解けていれば「数学的推論」の観
点を独立に評価することも考えられます。数学的に洗練された解法を要求した
いところですが，思考する意欲や態度を育てる上では，自分なりにこだわりを
もって考えたことが評価される余地を残しておくことも重要です。

ルーブリックを柔軟に運用する

　課題に特化したものだけでなく，類似の課題にカスタマイズして使える一般
的ルーブリックも作成できます。現代の論争的な課題についての意見をまとめ
る社会科のレポート課題，英語のプレゼンテーション，国語の作文，理科の実
験ノート，美術の水彩画，家庭科の調理実習など，テーマを変えながら繰り返
し経験する課題や活動を評価する際に，繰り返し同じ一般的ルーブリックを用
いることが有効です。ものさしの共有化を促すことで，生徒たちはルーブリッ
クに示された考え方や学び方のポイントやコツをクラスメートや自らの具体的
な学びの姿で理解し，自らの学びの舵とりができるようになっていくのです。

　またパフォーマンス全体を一まとまりのものとして採点する「全体的ルーブ
リック」も作成できるし，一つのパフォーマンスを複数の観点で捉える「観点
別ルーブリック」も作成できます。「全体的ルーブリック」は総括的評価で全体
的な判定を下す際に有効で，他方「観点別ルーブリック」はパフォーマンスの
質を向上させるポイントを明示するもので形成的評価に役立てやすいでしょう。

　ただし，すべてをルーブリックで評価しようとすることには注意が必要で
す。「原稿用紙を正しく使える」といったような要素的な技能にまで段階的な評
価基準を作成することは評価の煩雑化に陥ります。「論争的な課題について自分
の主張をまとめた論説文が書ける」（ゲーム（思考を伴う実践））のように，で
きたか・できないかで点検できない，議論の組み立ての論理性や論述の巧みさ
の程度などを，人間の目で判断するしかないときにこそ，ルーブリックを用い
るわけです。ルーブリックが一番適しているのは，「使える」レベルの思考を
伴う実践の評価においてです。ルーブリックを使うのであれば，使うに値する
ような目標や内容や学習をめざしているかどうかを問うてみる必要があります。

ルーブリックの作り方

　認識や行為の質的な転換点を決定してルーブリックを作成する作業は，3,
4名程度の採点者が集まり，一般的には下記のように進められます。

① 試行としての課題を実行し，できる限り多くの学習者の作品を集める

② 観点の有無や何段階評価かを採点者間で確認しておく

③ 各人が作品を読み採点する

④ 次の採点者にわからぬよう付箋に点数を記して作品の裏に貼り付ける

⑤ 全部の作品を検討し終わった後で，作品裏の付箋を確認し，全員が同じ
　 点数をつけたものを選び出す

⑥ 採点者の採点理由を共有しながらその作品を吟味し，それぞれの点数に
　 見られる特徴を記述する

⑦ 点数にばらつきが生じたものについて，採点者間の採点理由を確認しな
　 がら観点やその重みづけのズレなどについて議論し，合意を形成する

教師の見る目を鍛える

　生徒の作品を意識的に集め，評価的関心で事例検討することは，それぞれの
教師のもっている，その教科や単元で大事にしたいもの（教科観やこだわりや
価値）を浮き彫りにし，教師の生徒を見る目を鍛え，教材理解を深める機会と
なるでしょう。教師一人でルーブリックを作成することもできますが，そうし
た方法で作成されたルーブリックは仮説としての性格を自覚し，実際の学習者
の作品をもとに再検討されねばなりません*17。「ルーブリック評価」という誤
解を招くような言葉遣いをしばしば耳にします。ルーブリックという表がまず
ありきで，そのものさしを生徒に当てはめて評価するような捉え方は本末転倒
です。あるパフォーマンスを見たときに，そこに何を見てどのような点からそ
のようにレベルを判断したのか，専門家としての見方や判断をほかの人たちも
見えるようにするために基準表を作成する，これが逆になってはなりません。
ルーブリックは説明のための道具であって，評価自体は教師の判断をベースに
なされるのです。水準判断評価としてのパフォーマンス評価の妥当性や信頼性
を高めるために，**ルーブリックはその共有化の過程で評価者の見る目を鍛え評
価力を高めていくこと（鑑識眼の練磨）につながらねばならない**のです。

Q22 単元で育てるとはどういうことか？

核となる評価課題で単元に背骨を通す

　「使える」レベルの学力を試すパフォーマンス課題など，単元のコアとなる評価課題（学びの舞台）からゴール逆算的に設計する「末広がり」の単元は，以下のような形で組み立てることができます（**図56**）。

　一つは，パーツ組み立て型です。内容や技能の系統性が強い教科や単元になじみやすく，たとえば栄養学の知識を用いてバランスの取れた食事を計画する課題を中心とした単元で，「健康的な食事とは何か」という問いを設定する。生徒たちは，自分の家族の食事を分析してその栄養価を改善するための提案をしたりするパフォーマンス課題を遂行するために知識・技能を学んでいく。こうして問い対する自分なりの答え（深い理解）を洗練していくといった具合です。

　もう一つは，繰り返し型です。たとえば説得力のある文章を書く単元において，単元の最初に生徒たちは，文章の導入部分を示した四つの事例に関して，どれが一番よいか，その理由は何かという点について議論する。こうして，よい導入文の条件を整理し，自分たちの作ったルーブリックを念頭に置きながら，説得力のある文章を書く練習に取り組んでいくといった具合です。

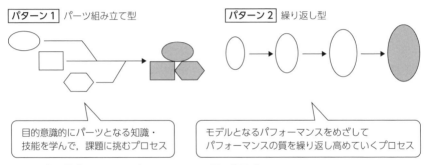

図56. 単元構成における，パフォーマンス課題の位置づけ（西岡，2008。ふき出しは引用者による）

パーツを組み立て総合するにしても，まとまった単位の活動を拡張しつつ繰り返すにしても，単元に背骨を通すことが大切です。①概念や技能を総合し構造化する表現（例：電流のイメージ図や江戸時代の３大改革のキーワードを構造化した概念マップなど，頭の中の知識の表現を，単元前後で書かせてその変容で伸びを実感する），あるいは，②主題や論点の探究（例：自分たちの住む○○県のPR活動のプランニングをするために，地域調査を行ったり，それに必要な知識や技能を習得したり，新たな小課題を設定したりして，現状認識や解決法を洗練していく）を，単元の背骨を形成する課題とするとよいでしょう。

授業づくりと単元づくりで「ヤマ場」を意識する

　授業過程で繰り広げられる教師と生徒の活動内容については，時間的推移に沿って一定の区切り（「導入－展開－終末（まとめ）」といった教授段階）を取り出すことができます。すぐれたドラマや演奏には感情のうねり，展開の緩急，緊張と弛緩などの変化があり，それが人々の集中を生み出したり，心をゆさぶったり，経験の内容や過程を記憶に焼きつけたりします。すぐれた授業には，これと同じ性質が見られます。

　授業は教科書通り流すものや次々と脈絡なく課題をこなし流れるものでなく，ストーリー性をもって局面が「展開」するものとして捉えるべきです。「展開」の段階は授業の「ヤマ場（ピーク）」を作れるかどうかがポイントです。授業はいくつかの山（未知の問いや課題）を攻略していきながら，教材の本質に迫っていく過程です。この山に対して教師と生徒たちが，それぞれに自分のもてる知識や能力を総動員し，討論や意見交流を行いながら，緊張感を帯びた深い追求を行えているかどうかが，授業のよしあしを決める一つの目安です。

　たとえば「授業において導入がいのち」ということは，「導入を盛り上げる」こととは異なります。盛り上がった先には盛り下がるのであって，導入ではむしろ生徒たちの追究心に静かに火を付けること，学びのための知的な雰囲気と学びの姿勢を形成し，学びのスタート地点に生徒たちを立たせることに心を砕くべきです。そして「ヤマ場」に向けて生徒たちの追究心をじわじわ高め，思考を練り上げ，終末段階において教えたい内容を生徒たちの心にすとんと落とすといった具合に，１時間の授業の展開のストーリーを描く展開感覚が授業づくりでは重要なのです。さらに言えば，そうした授業レベルでは意識されてき

た「ヤマ場」を軸にしたストーリー性を、「学びの舞台」を軸に単元レベルでも意識するとよいでしょう。

「ヤマ場」は授業者の意図として「思考を深めたい」場所、「見せ場」は生徒にとって「思考（学習成果）が試される場所」（手応えを得られる機会）です。授業の「ヤマ場」の豊かな学びよりもテストという貧弱な見せ場に引きずられる状況を超えて、「ヤマ場」と「見せ場」を関連づけることで、「学びの舞台」が生徒たちにとって真に学びの目標となる「見せ場」になるよう、学びのストーリーを組み立て、単元や授業の「ヤマ場」を構想していくことが重要です。

生徒目線の「舞台」に向けて学びの道筋を付ける

「逆向き設計」論は、教師目線の「達成」からの逆算で目標に追い込むものというより、生徒目線の「舞台」からの逆算で学びの目的意識を育てるものとして捉えていくことが肝要です。部活動の試合や行事等のように、生徒たち自身が舞台本番に向けて必要なものを考え準備し練習し、節目でもてるものを総合し使い切る経験を通して、学びは成長へとつながっていきます。パフォーマンスの振り返り等から、さらなる問いや活動を生成し、授業を超えて主体的に探究を続けることも大事にするとよいでしょう。単元設計を「逆向き」に行ったらそれとは逆の順序で、生徒たちの「学びの舞台」に向けた学びの必然性や「やってみたい」という気持ちや問題意識を触発しながら、主体的な学びを展開することが重要なのです（図57）。

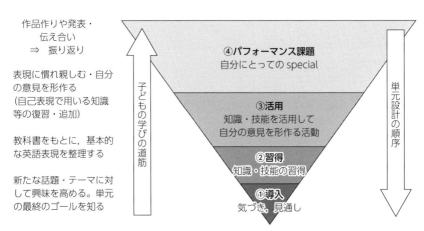

図57.「逆向き設計」論による単元設計と学びの道筋（小学校外国語活動）（赤沢, 2022）

「本質的な問い」と「発問」を使い分ける

　単元を貫く問いとして「本質的な問い」を意識することが有効ですが，その際に「本質的な問い」を生徒に押しつけるような展開にならないよう注意が必要です。「本質的な問い」（授業のゴールを示すもの）と「発問」（思考を触発する工夫）とは区別すべきです。

　「なぜこの人物（出来事）がこの時に？」といった「本質的な問い」を投げかけたからといって，生徒自身が問いたい問いになるとは限りません。**むしろ常にその問いを問うことが生徒自身の癖になるといった具合に，授業や単元のゴールとなるものが「本質的な問い」といえます。**

　これに対して，思考を触発するために問うのが「発問」です。刀狩等の政策を扱う授業で「近世とは何か？」といった問いをいきなりぶつけるのでなく，「なぜ武器狩りと言わないのか？」という問いにより思考を触発することで，教材への興味が生まれ，その先に理解が深まっていくのです。

思考の隙をつき，思考する必然性を生み出す

　「発問」の本質は思考の隙をつくことであって，特にやり方を求めがちな風潮では，物事の本質をストレートに問う「本質的な問い」が思考を触発することもあります。

　先述（54頁）の，複数の立場の異なる史料の読み解きから「島原の乱の真相は何だったのか？」という問いに根拠をもって推理するとともに，「宗教が弾圧を受ける条件は何か？」といった，歴史を学ぶことの意味に迫る問いを深める課題について，特に後者の問いは，それを投げかけるだけでは問いは切実にならないし，思考する必然性を欠くでしょう。この単元では最初に熊本県の天草地方のショッピングセンターの写真を提示し，年中しめ飾りを外さないことでキリシタンでないことを示す風習が今も残っていることに気づかせることで，思考のスイッチを入れる工夫がなされています。そのような歴史を自分事に引き寄せて考えるための導入からの展開があって初めて，単元末において，歴史を学ぶことの意味に迫る問いを問うことができるのです。

終末の「舞台」に向けて単元の学びのストーリーをデザインする

　ここまで何度か取り上げてきたキャッチコピーづくりのパフォーマンス課題（51頁）も以下の**図58**のような手順に沿って，「学びの舞台」を軸に，パーツ組み立て型に近い形で毎時間の目標と指導と評価が設定され，形成的評価と総括的評価（記録に残す場面）も区別しながら，単元計画として具体化されています。

図58．単元目標から評価計画をつくる流れ（広島県教育委員会高校教育指導課提供資料をもとに作成）

単元計画（**図59**）を見ると，課題達成のために必要なパーツをただ並べているというより，問いや課題意識をもたせたり思考を触発したり，パフォーマンス課題をちょい見せして，そこに向けて取り組む目的意識をもたせ，じわじわと意欲を育んでいったりと，導入や単元の展開に工夫がなされていることがわかります。キャッチコピーへの興味以前に，心を動かされた言葉について考え，複数の文章を読み，言葉の力について認識するところから単元を始めている点は，言葉の学習としての本質を見失わない上で重要です。

◇　教科・科目　国語・現代の国語
◇　単元の目標
　(1)・言葉には，認識や思考を支える働きがあることを理解する。〔知識及び技能〕(1) ア
　　　・実社会において理解したり表現したりするために必要な語句の量を増すとともに，語句や語彙の構造や特色，用法及び表記の仕方などを理解し，文章の中で使うことを通して，語感を磨き語彙を豊かにする。〔知識及び技能〕(1) エ
　(2) 自分の考えや事柄が的確に伝わるよう，相手意識に基づき，文章の種類や，文体，語句などの表現の仕方を工夫する。〔思考力，判断力，表現力等〕　「B 書くこと」(1) ウ
　(3) 言葉がもつ価値への認識を深めるとともに，言葉を通して他者や社会に関わろうとする態度を養う。〔学びに向かう力，人間性等〕
◇　単元計画
　○　単元の評価規準

知識・技能	思考・判断・表現	主体的に学習に取り組む態度
・言葉には，認識や思考を支える働きがあることを理解している。 ・実社会において理解したり表現したりするために必要な語句の量を増すとともに，語句や語彙の構造や特色，用法及び表記の仕方などを理解し，文章の中で使うことを通して，語感を磨き語彙を豊かにしている。	「書くこと」において，自分の考えや事柄が的確に伝わるよう，相手意識に基づき，文章の種類や，文体，語句などの表現の仕方を工夫している。	言葉を通じて積極的に他者や社会に関わったり，学習の見通しをもって思いや考えを広げたり深めたりしながら，相手意識に基づいて適切な言葉を選択し，効果的に表現する工夫をしている。

　○　指導と評価の計画

時	学習内容	学習活動	知	思	主	評価方法
1	文章の読解 ・古今和歌集仮名序 　（紀 貫之） ・言葉の力 　（大岡 信）	・単元全体の見通しをもつ。 ・心を動かされた言葉について考える。 ・複数の文章を読み，言葉の力について説明する。	○			・記述分析（ワークシート）
2	キャッチコピーの表現の特徴	・動画の視聴（NHK for education） ・企業のキャッチコピーを調べ，表現の特徴について考える。	◎			・記述分析（ワークシート） ・ポートフォリオ評価
3	キャッチコピーを考える。	・○○高等学校の情報を集め，キャッチコピーの材料となる語彙を増やす。 ・4人でグループとなり，キャッチコピー案をなるべく多く考える。	○	○		・観察法
4	キャッチコピーを考える。	・キャッチコピー案について根拠を基に取捨選択し，グループでの最終案を決定する。 ・校長先生へのプレゼンテーション用の説明内容を考える。		◎	◎	・パフォーマンス課題
5	キャッチコピーを考える。	・クラス内で発表し，相互評価を行う。（質問・批評） ・相互評価を参考に，キャッチコピー作成について振り返りを行う。			○	・自己評価（振り返りシート）

　　　　　　　　　　　　　　　　　　　　　　　　　　※　◎：記録のための評価，○：改善のための評価

図59. 設計された単元計画（現代の国語）
　　　（広島県教育委員会高校教育指導課提供資料より）

考える軸を決めて思考する活動を繰り返す

　図60の中学校社会地理的分野「世界各地の人々の生活と環境」の単元は，「世界で暮らす人々は，環境とどのように関わり合いながら生活しているのだろう？」という単元を貫く問いを軸に構成されていて，暑い地域，寒い地域といった具合に条件を変えつつ，人々の生活と自然や宗教などとの関係を理解する活動が繰り返されるとともに，その関係を多面的・多角的に考察し，表現する力が繰り返し試されます。

中学校社会地理的分野「世界各地の人々の生活と環境」の単元計画				
	学習の流れ		評価規準	
	（◎）学習内容　　（・）学習活動		●：学習改善につなげる評価 ○：評定に用いる評価	
1	◎暑い地域の生活 ・暑い地域の人々が，自然とどのように関わりながら暮らしているのか学ぶ。	知●	暑い地域の人々の生活は，その生活が営まれる場所の自然から影響を受けたり，その場所の自然に影響を与えたりすることを理解している。	思○　世界各地における人々の生活の特色やその変容の理由を，その生活が営まれる場所の自然に着目して多面的・多角的に考察し，表現している。
2	◎乾燥した地域の生活 ・乾燥した地域の人々が，自然とどのように関わりながら暮らしているのか学ぶ。	知●	乾燥地域の人々の生活は，その生活が営まれる場所の自然から影響を受けたり，その場所の自然に影響を与えたりすることを理解している。	
3	◎暖かい地域の生活 ・温暖な地域の人々が，自然とどのように関わりながら暮らしているのか学ぶ。	知●	暖かい地域の人々の生活は，その生活が営まれる場所の自然から影響を受けたり，その場所の自然に影響を与えたりすることを理解している。	
4	◎寒い地域の生活 ・寒い地域や高山地域の人々が，自然とどのように関わりながら暮らしているのか学ぶ。	知●	寒い地域の人々の生活は，その生活が営まれる場所の自然から影響を受けたり，その場所の自然に影響を与えたりすることを理解している。	
5	◎世界の主な宗教 ・宗教と人々の生活，どのように関わり合っているかを調べ，発表する。	知●	人々の生活は，宗教から影響を受けることを理解している。	
6	◎開発と環境 ・生活のための開発と，自然環境へ与える影響を考え，その課題を追究する。	主●	世界各地の人々の生活と環境について，よりよい社会の実現を視野にそこで見られる課題を主体的に追究しようとしている。	
テスト	・4枚の写真が，地図中のどの地点のものであるかを問う。	思○	世界各地における人々の生活の特色やその変容の理由を，その生活が営まれる場所の自然に着目して多面的・多角的に考察し，表現している。	

図60. 地理的に思考する活動を繰り返す単元計画 （辻常路先生（神戸大学附属中等教育学校）が作成）

単元計画において，毎時間のトピックと並行で，「世界各地における人々の生活の特色やその変容の理由を，その生活が営まれる場所の自然に着目して多面的・多角的に考察し，表現している」という地理的思考が一貫して育てられていることが一目でわかるフォーマットが工夫されている点も特徴的です。この単元は，よりよい社会の実現に向けて開発と環境の問題について追究して終わりますが，定期テストにおいて，上述の単元を通して繰り返してきた地理的思考の育ちを問うべく，世界を旅している友人から届いた文章や写真からヤクーツクを推理したその判断の理由を記述する問題が出題されています。

単元の学習をふまえたテスト問題

【問題】　たかしさんに，世界を旅行しているようこさんからメッセージが届いた。たかしさんは，ようこさんが地図中のイから送信したと考えた。この考えは適当といえるだろうか？適当であるかどうか，また，あなたがそう判断した理由を合わせて答えなさい。

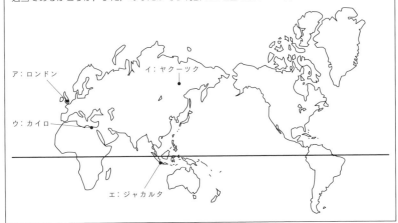

ア：ロンドン
イ：ヤクーツク
ウ：カイロ
エ：ジャカルタ

メッセージの送信者：ようこ　送信日：7月15日

たかしさん，こんにちは。私は今，○○にいるの。
半袖で過ごしているけど，結構暑いわ。
このあたりの建物は，建物の床が高くなっているようね。
この土地の，冬の気候と関係があるのかな？
地面と床とを離す必要があるみたい。
あ，そうそう。この地域の景色が特徴的だったから，
写真を撮ったよ！　一緒に送るね。

ようこ

写真の出典：iStock.com/GrigoryLugovoy

図60

同じ問いを一人一人が繰り返し問い，「仮説」のブラッシュアップを促す

図 61 の高校地理歴史の単元では，「ヨーロッパの面積は，1018 万 km^2，中国の面積は 960 万 km^2 である。同じくらいの面積にもかかわらず，ヨーロッパは 47ヶ国にわかれているのに対し，なぜ中国には 1 つの国しかないのか」という単元を貫く問いに対して，授業前のまっさらな状態で仮説を考え，毎回の授業の最後の 5 分程度で，単元を貫く問いと授業内容との関連づけを促し，仮説をアンケートフォームに入力していきます。

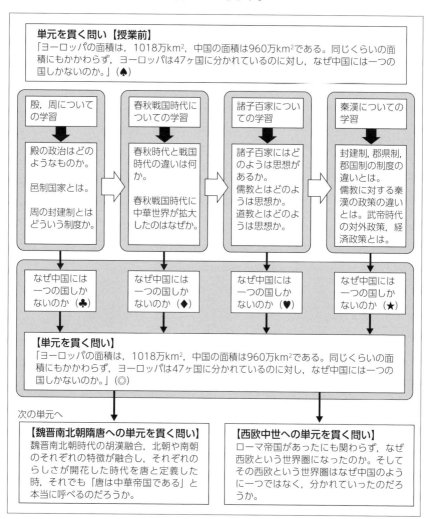

図 61. 単元の構造図 (梨子田, 2021)

そして，**図62**のポートフォリオをもとに最終仮説を作成します。生徒たちの立てた仮説に出てくるキーワードをテキストマイニングで分析すると，授業の展開における生徒全体の理解の深まりの傾向がわかり，仮説としての説得力や多面的・多角的な分析の有無により「思考・判断・表現」が評価され，粘り強く問いに向き合い仮説をブラッシュアップしていけたかで「主体的に学習に取り組む態度」が評価されるわけです。授業で共通のトピックについて学ぶのと並行して，「本質的な問い」に個々人が向き合い考えていくような，一人一人の複線化された探究的な学びを位置づけている点が特徴的です。

History lab

番号　　　　名前

西欧1018万km²，中国960万km²。西欧は47カ国，中国は一つ。中国はなぜ大きく，一つなのか。

① **中国はなぜ大きく一つなのか　　授業前**
古代の中国文明の時代から，広大な土地で文明が栄え，それと共に身分制も自然と作られたので，強大な権力を要す王が大きな帝国を統治するシステムが代々受け継がれてきたから。

② **中国はなぜ大きく一つなのか　　プリントNo.22 ♣**
かなり東にあった小さな殷の後に周が成立して，その都が殷の都と比べてかなり西にあり，かつ封建制の実施により，王が諸侯に土地を与え，諸侯は卿・大夫・士に各都市を与えて治めさせたので，更に広範囲な土地を支配する仕組みが作り上げられたから。

③ **中国はなぜ大きく一つなのか　　プリントNo.23 ♦**
春秋時代では，周王の勢力が衰えるのに従って各地の諸侯が自由に勢力を伸ばして，王と名乗るまでに成長した。また，戦国時代では，鉄製農具の使用によって，農業が盛んになり，人口が増え，商業が活発になり，貨幣も生まれて，富国強兵が実現し，文化圏が徐々に拡大して，遠方の地方にも文化が浸透し，中国文化圏が拡大した。

④ **中国はなぜ大きく一つなのか　　プリントNo.24 ♥**
礼を重んじる儒家から，規則を作って礼を重んじない人を罰する法家へと発展したことで，宰相が生まれ，国が安泰へと向かった。また，自分の思うがままに外交を支配する縦横家が生まれたことで，同盟等が盛んに結ばれ，他方では，他地方との争いが起こり，一体化が促進された。

⑤ **中国はなぜ大きく一つなのか　　プリントNo.25 ★**
法家の思想を取り入れた商鞅の改革の後，始皇帝が文字・度量衡・貨幣を統一して，更に法で厳しく取り締まり，統一国家の秦を作り上げた。諸侯が力を付けて好き勝手振る舞う封建制度を廃止して，郡と県に分けて役人を派遣して治めさせる郡県制を採用することによって中央集権国家体制を完成させた。その後に出来た漢は郡国制を敷いたが，呉楚七国の乱で全国が郡県制になった。その後の武帝の対外政策により，領土を広げた。

⑥ **全てを振り返って「中国はなぜ大きく一つなのか」をまとめる ◎**　　（授業プリントを参考に）
周の時代から続いた封建制では，あちこちの諸侯がそれぞれ力を付けて，権力を濫用して好き勝手政治をしていたので，半ば無法地帯のようであった。そこで秦は，全国を郡と県に分けて中央から役人を派遣して統治する郡県制を敷いて，中央の政策を地方のすみずみにまで浸透させるとともに，法律で厳しく人民を取りしまった。呉楚七国の乱の後，全国が郡県制となり，中央集権国家が完成したと共に，臣下人民に身分差を認めず，強力な権力を行使してトップが政治をする一君万民の体制が整えられた。また，武帝の対外政策によって，周辺国の多くも中国領土となり，大きな領土をもつ中国が出来上がった。

⑦ **ワークシートを振り返って各授業で，学んだことを関連付け，大きな一つの問いの答えを探していくような学びができましたか？**
中国の長い歴史の中で，なぜ中国が大きいのかという答えのない問いを追究するのはとても難易度が高かった。儒教が国民をひとつに団結させたのか，とも考えた。しかし秦の時代に弾圧されているのに後に国教と定められていることなどから，儒教への忠誠心は時代によってあったりなかったりして因果はあまりないと判断した。また，鉄製農具と牛耕による影響も考えた。人口増加と商業活発，富国強兵が成し遂げられて文化圏が拡大したのは事実だが，このことが国民全員を様々な面で統率した要因になったとは考えづらい。よって法律で民家を厳しく取りまり，中央の政策を直接地方にも強力に浸透させ，地方ごとの諸侯の力を弱めて，身の回りのあらゆるものを統一した秦（漢）の時代に答えがあるのではないかと考えた。
このように，答えが曖昧な問いに対して，色々な選択肢を色々な知識を関連させて挙げ，消去し，の繰り返しをすることによって，自分なりの答えに近づくことができたと思う。このような難問を通して，思考力を入試に向けて養っていかなければならないと痛感した。

図62. 生徒のポートフォリオ（出典は左図に同じ）

文脈の中で，生徒の既有の知識・経験が自然と生かされる単元をつくる

　外国語の単元では「コミュニケーションを行う目的や場面，状況などに応じて，生徒が既有の知識・経験を生かしながら，○○する」という形式を意識しながら，単元を貫く課題を設定することが考えられます。たとえば**図 63** はある国の祭典行事を扱っている単元の文章の内容をふまえて，地元のお祭りをALT に紹介するパフォーマンス課題が設定されています。技能試験や定期考査の書く問題も単元で追求した文脈に即して出題されていて，生徒がコミュニケーションの目的や状況を見出せない問題を出題しないようにされているのが特徴的です。文脈の連続性・一貫性が担保されることで，ペーパーテストの文脈であっても，生徒たちは，よりリアルに状況を思い浮かべながら学んだことを生かしたり表現したりすることができるでしょうし，単元を通して育ててきたものが生徒個人の身についているかを確かめることもできるでしょう。

単元　Places to Go, Things to Do（第3学年）　NEW CROWN ENGLISH SERIES 3（三省堂）
学習指導要領との対応　1　目標（5）書くこと　イ

評価規準

知識・技能	思考・判断・表現	主体的に学習に取り組む態度
・関係代名詞（主格・目的格）の特徴やきまりを理解している。 ・自分の生活に関することについて，関係代名詞（主格・目的格）や教科書の重要表現などの語句や文を用いて書く技能を身に付けている。	・ALT の家族のニーズ（葛塚地区の伝統，文化などを体験できる）に応じて，葛塚地区のイベントの紹介文を書くために，イベントの背景や自分の考えを整理し，まとまりのある文章を書いている。	・ALT の家族のニーズ（葛塚地区の伝統，文化などを体験できる）に応じて，葛塚地区のイベントの紹介文を書くために，イベントの背景や自分の考えを整理し，まとまりのある文章を書こうとしている。

単元の課題

　ALT の先生に葛塚地区の有名なイベントを紹介することになりました。
　ALT の先生のニーズをふまえて，7 文以上で紹介しましょう。
　　　ALT のニーズ
　　　・家族が楽しめるようにしたい
　　　・そのイベントが何で，いつ行われるか知りたい
　　　・葛塚の地区の伝統や文化を知ったり，体験したりしたい

指導と評価の計画

	学習活動・学習課題	学習評価
①	主格の関係代名詞 that, which を用いて，新潟市の有名なイベントについて ALT に紹介する	
②	主格の関係代名詞 who を用いて，葛塚地区に関する有名な人や職場体験先の職業などを紹介する	
③	目的格の関係代名詞 that を用いて，葛塚地区で自分が一番好きな観光スポットを紹介する	
④	ALT から家族が楽しめる葛塚地区のイベントを紹介してほしいという依頼を受ける	
⑤	ブラジルの文化を紹介したレポートを読み参考にしながら，葛塚地区の文化の特徴を単文でまとめる	
⑥	ブラジルのサンバパレードを紹介したレポートを読み参考にしながら，葛塚まつりの特徴を単文でまとめる	
⑦	教科書を参考に作成した教師のモデル文を基に，新潟市の有名なイベントを紹介するための紹介文を教師と共に作成する	
⑧	葛塚地区の有名なイベントについて ALT に紹介するための紹介文を作成する	ワークシート（思） プログレスカード（主）
定期考査（単元課題を基にしたパラレルな課題） 「あなたは学級で ALT に新潟市の有名なイベントを紹介することになりました。あなたは，事前に内容をメモでまとめました。メモの内容に合うように，紹介文を書きなさい」		ペーパーテスト（知）

図 63. 生徒の知識・経験を学習に生かす単元計画（中学校外国語）（上村，2011）

リアルな状況をふまえて活動しながらも単元の言語的目標を見失わないために，毎時間や単元の学びの履歴を記録する「プログレスカード」（**図 64**）を用いており，単元の総合的な振り返りでは自己調整や協働する態度に関わる非言語的目的も対象となっています。

（表）

Progress Card－あなたと英語学習との懸け橋

Lesson5　Places to Go, Things to Do
Class　　Number　　Name

1　単元の目標＜ゴール＞
○ ALT の先生に、葛塚地区の有名なイベントを紹介することができる。
○ 相手のニーズを踏まえ、葛塚地区の有名なものを紹介しようとしている。

2　身に付けることができる（can-do）4 つの英語の技能

技能	身に付けた具体的な姿	自己評価の場面	自己評価
聞く　Listening			
読む　Reading	P50, §1 の USE Read の様々な国・地域の文化やイベントについて書かれた説明文を読み取ることができる	○ USE Read の読み取り	
書く　Writing	○ ALT の先生のニーズを踏まえ、葛塚地区の有名なイベントを紹介することができる	○ モデル文 ○ ALT の先生への紹介文	
話す　Speaking			

3　身に付けることができる（can-do）英語の知識

知識	身に付けた具体的な姿	自己評価の場面	自己評価			
文法	【関係代名詞（主格）／関係代名詞（目的格）】関係代名詞の形と意味を理解し、短文で述べたり、書いたりできる	①関係代名詞（主格） ②関係代名詞（目的格）	①		②	
語彙	【単語一覧表】配付された単語一覧表の語句を日本語→英語、英語→日本語に直すことができる	①GET1 ②GET2 ③GET3 ④USE Read	①	②	③	④
発音	【教科書の音読】進出単語の発音を予想して読んだり、CD のような発音を意識したりして読むことができる	①GET1 ②GET2 ③GET3 ④USE Read	①	②	③	④

4　単元を通して学習の取り組みの変化・成長（Study Skill）※毎時間記入
【観点】A・自信をもってできた　B・だいたいできた　C・あまりできなかった
① 授業に臨む姿勢（忘れ物ゼロ、時間着席、あいさつ）
② 活動の取り組み（積極的に活動に取り組む、ペア・グループでの活動で協力、ボランティア）
③ コミュニケーションに関する自分なりの目標

観点	①	②	③	一言コメント

観点	①	②	③	一言コメント

（裏）

【単元のまとめ】
単元を通して達成できたパフォーマンスの結果を貼り付けたり、記録したりしよう

① 葛塚地区のイベントを紹介するためにできるようになったこと、工夫したことは？
② 自分の立てたコミュニケーションの目標に対して、がんばったことは？

以下省略

図 64.　**プログレスカード**（出典は左図に同じ）

生徒主語の学びの自由度が高い単元をつくる

図65・66・67（128〜131頁）は語彙を増やし五感を磨くべく，俳句の創作に取り組む中学校国語の単元です。「Insta句会」という学びの舞台が設定され，創作した俳句の情景を表す写真を撮り，その画像を加工し俳句も添えること，そして解説文の作成も求められます。表現する術として，また俳句を分析する視点として，「一物仕立て」「取り合わせ」といった考え方を学び，教室を飛び出して学校の敷地内であればどこに行って俳句を詠んでもよい「吟行」の機会も設けられています。

単元の評価規準と課題

教材：　「短歌・俳句　表現の仕方を工夫して豊かに表す」（三省堂）
学習指導要領：　〔知識及び技能〕（1）エ　〔思考力・判断力・表現力等〕B（1）ウ，エ，B（2）ウ

評価基準

知識・技能	思考・判断・表現	主体的に学習に取り組む態度
①　抽象的な概念を表す語句の量を増すとともに，類義語と対義語，同音異義語や多義的な意味を表す語句などについて理解し，話や文章の中で使うことを通して，語感を磨き語彙を豊かにしている（(1)エ）	①　根拠の適切さを考えて説明や具体例を加えたり，表現の効果を考えて描写したりするなど，自分の考えが伝わる文章になるように工夫している（B（1）ウ） ②　読み手の立場に立って，表現の効果など確かめて，文章を整えている（B（1）エ）	①　表現したい情景にあうことばを「一物仕立て」「取り合わせ」「写生」を軸に粘り強く吟味し，加工画像を創作しようとしている。

単元の課題

【学習課題】　俳句のきまりや特徴を捉え，「Insta句会」で特選がとれる作品を創作しなさい。

　句会を知っていますか？句会とは「俳句の発表会と勉強会を兼ね備えた集まり」のことです。俳句を創作したあと，作者を伏せて優秀作品を相互選出するコンテストのような会です。
　吟行にいって俳句創作をしてもらい，その後，学級で句会を行うのですが，今回は「Insta句会」を行います。「Insta句会」とは，Instagramみたいに投稿された加工画像を評価する句会です。みなさんは，創作した俳句の情景をあらわす写真を撮り，その画像を「Adobe Express」の「instagramストーリー」を使って加工してください。その際，創作した俳句も必ず入れてくださいね。
　「特選」に選ばれるような俳句をつくりましょう。
【条件】
・お題は「学校」，季節は「夏」です。今回の単元は六時間です。
・第三回は俳句を詠みに出かける「吟行」です。学校の敷地内であればどこに行っても構いません。ただし，第三回のみです。
・吟行のあと第五回で「出句」をします。「Adobe Express」の「instagramストーリー」を使って，創作俳句とその情景を加工した画像を作り，第五回目にGoogle Classroomに提出してください。
・創作した俳句の解説文も書いてください。その際，創った俳句は「一物仕立て」なのか「取り合わせなのか」を明らかにしましょう。また，なぜその写真を採用したのかも書き表してください。
第六回の「Insta句会」の後に提出しましょう。

図65. パフォーマンス課題を核に，学びの自由度を高く設定した単元計画（中学校国語）
（末永誠二先生（福岡県久山町教育委員会）が作成）

単元レベルの学びの必然性や一貫性を生み出す上で，個々の内容理解と並行で同じ思考を一貫して繰り返したり（122〜123頁），授業で教師主導で内容理解を促しつつデジタルポートフォリオ等の学びの空間で生徒主体の個性的探究を促したり（124〜125頁），テストも含めて真正の文脈を単元を貫いて一貫させたり（126〜127頁）といった工夫を紹介してきましたが，この事例は，より生徒主語で自由度が高い形で単元の学びがデザインされています。

単元計画

指導の計画		評価基準（B基準）[評価方法]
◎学習活動	○教師の支援	
◎ 俳句の基礎を捉え，課題解決の方向付けをする。	○ 定型（五七五），切れ字，体言止めなどの表現技法を確認させるために，既有の知識を問う。 ○ 季語を用い，情景を詠むことを捉えさせるために，教師の俳句例を改作させる。 ○ 課題解決の見通しを持たせるために，「道しるべプリント」を提示する。	知① 俳句において，作者の意図を効果的に伝えるには精選された季語，場面を詠むことが大切だと書き表している。[学習プリント] 主◎ ※単元を見通して計画的に課題解決するために提示するため，ここでは評価しない。[道しるべプリント]
◎ 俳句創作に必要な知識を整理し，吟行の準備をする。 ◎ 吟行をする	○ 「一物仕立て」と「取り合わせ」の考え方，「写生」の視点を捉えさせるために，「NHK for School」「夏井いつき俳句チャンネル」を紹介する。 ○ 一人称の視点を俳句に活用させるために，カメラと「写生」の考え方の共通点は何か問う。 ○ 「一物仕立て」と「取り合わせ」の考え方を俳句に活用させるために，使えそうな語句を列挙させ，それらを組み合わせた効果を問う。	知② 感動の中心によって「一物仕立て」と「取り合わせ」が決まり，観察眼を磨くことが「写生」の視点を鋭くすると書き表している。[学習プリント] 思◎ ※総括的評価（句会，解説文）に向け形成的評価を行う。[学習プリント]
◎ 俳句を詠み，提出画像を創作する。 ◎ 提出画像を完成させ，出句する。（Google Classroom）	○ 作品をさらに吟味させるために，必要ならば再度吟行にいっても良いことを告げる。 ○ 条件を満たす作品を提出させるために，俳句で伝えたいことと，画像選択の理由を述べさせる。	思◎ ※総括的評価（句会，解説文）に向け形成的評価を行う。[学習プリント] 主① 意図した情景を表現した俳句と画像を創作し，提出しようとしている。[学習プリント]
◎ Insta句会をし，解説文を提出する。	○ 生徒の相互評価において，評価規準を明確にさせるために，「一物仕立て」「取り合わせ」「写生」を視点に選句させる。その際，Google formsを活用する。	思① 創作俳句をもとに，感動を効果的に表す語句の精選方法，一人称の視点による俳句の特長を書き表すことが出来たか。[創作俳句解説文]

図65

評価観点を図示した「学習の羅針盤」（**図66**）を含む「道しるべプリント」（**図67**）など，学びのハンドルを生徒に委ねるための仕掛けも工夫されています。

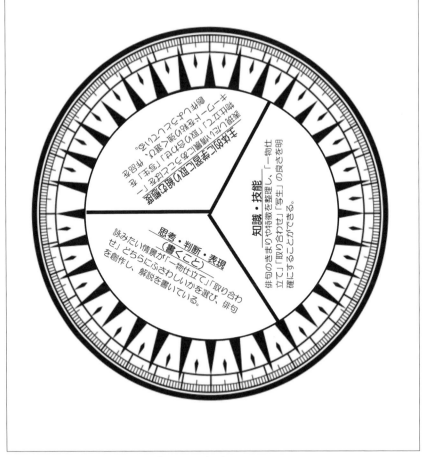

図66．学習の羅針盤（道しるべプリントの裏面） （末永誠二先生（福岡県久山町教育委員会）が作成）

Insta句会をしよう

道しるべプリント
─年　組　番　氏名

【単元の達成目標】

> 俳句のきまりや特徴・魅力を捉え、俳句を創作することができる。

【課題】俳句のきまりや特徴を捉え、Insta句会で「特選」がとれるような俳句を創作しなさい。また、創作した俳句が

```
「一物仕立て」
「取り合わせ」
```

どちらになるのかを明らかにし、創作した俳句の解説も書きなさい。

【お題】　学校　　【季節】　夏

○条件
・お題は「学校」、季節は「夏」です。
・「吟行」の後、第五回で「出句」をします。「Adobe Express」の「Instagramストーリー」を使って創作俳句と情報を加工した画像を作り、第五回目にクラスルームに提出してもらいます。
・○○は一人一句を創作すること。
・創作した俳句の解説文も書くこと。その際、創作った俳句は「一物仕立て」なのか「取り合わせ」なのかを明らかにし、なぜその季語を採用したのかも書き表すこと。

【今後の予定】

回	日時	場所	交流	備考
一	月　日（　）　校時	教室		
二	月　日（　）　校時	図書室		タブレット使用可
三	月　日（　）　校時	教室校内	吟行	タブレット使用可
四	月　日（　）　校時	図書室		タブレット使用可
五	月　日（　）　校時	図書室	出句	タブレット使用可【画像データをクラスルームに提出】
六	月　日（　）　校時	教室	句会（選句・鑑賞）	句会終了後、解説提出

【評価するもの】
・毎回の学習プリント　　・学習に取り組む姿勢
・創作した俳句　　・解説プリント

【単元「Insta句会をしよう」を評価する観点】

知識・技能	思考・判断・表現（書くこと）	主体的に学習に取り組む態度
俳句のきまりや特徴を確かにし、「一物仕立て」「取り合わせ」「季生み」のことばで整理できる。	詠み取りたい情景が「一物仕立て」「取り合わせ」のどちらかを選び、俳句を創作し、解説を書いている。	表現したい情景を「一物仕立て」「取り合わせ」キーワードに強く選び、作品を創作しようとしている。

図67.　道しるべプリントの表面（出典は左図に同じ）

「目標と評価の一体化」で授業の「ヤマ場」を創る

　すでに述べたように日々の授業では，「目標と評価の一体化」と「ドラマとしての授業」の二つを大事にすることで，ワクワク感があって生徒にとっても教師にとっても楽しく，かつ結果につながる授業をつくっていきます。

　「目標と評価の一体化」とは，メインターゲットを絞り込んだ上で授業の出口で生徒に生じさせたい変容を事前に想像することで，具体的な生徒の姿で目標を明確化することを意味します。「どの場面でどう評価するのか」「生徒が何をどの程度できるようになればその授業は成功と言えるのか」と，事前に評価者のように思考するわけです。毎時間の「まとめ」を意識し，それを生徒の言葉で想像したり，振り返りで「この一時間で何を学んだか」と生徒に尋ねたときに何をどう書いてほしいのかを想像したりしてもよいでしょう。

　こうして目標と評価をセットで明確化したなら，シンプルでストーリー性をもった授業展開を組み立てることを意識します（ヤマ場のあるドラマとしての授業を創る）。一時間の授業のストーリーを導く課題・発問を明確にするとともに，目標として示した部分について思考を表現する機会（生徒たちの個人作業や共同的な活動や交流・討論の場面）を設定し，それを形成的評価の機会として意識するわけです。**グループ活動や交流・討論は授業のヤマ場を作るタイミングで取り入れるべきでしょうし，どの学習活動に時間をかけるかはメインターゲットが何かによって判断されるのです。**何でもかんでもアクティブにするのではなく，メインターゲットに迫るここ一番で学習者に任せるというわけです。目標を絞ることはあれもこれもとゴテゴテしがちな授業をシンプルなものにする意味をもち，それによりドラマのごとく展開のある授業の土台を形成するのです。

形成的に，創発的に，評価を生かす

　学習者に委ね活動が展開される場面を形成的評価の場面として位置づけ，意図した変化が生まれているかを見取る機会・材料（例：机間指導でノートの記述を）と基準（例：△△ができてればOK，××だとこのように支援する）を明確にしておきます。その際に「限られた時間の机間指導ですべての生徒の学びを把握しよう」とか，ましてや「過程を記録しよう」などとは思わず，「この生徒がわかっていたら大丈夫」といった具合に当たりを付けるなどして，授業全体としてうまく展開しているかを確かめるようにするとよいでしょう。

　いっぽうで「思考の場」としてのノートやワークシートや一人一台端末を意識し，目標に即して生徒たちに思考させたい部分を絞り，そのプロセスをノート（紙やデジタル）に残すなどすることで，授業後に生徒一人一人の中で生じていた学びをざっくり捉えることもできるでしょう。

　あらかじめ目標を明確化するからといって，目標にとらわれて目標に追い込む授業にならないよう注意が必要です（目標に準拠しても目標にとらわれない）し，**「教えたいものは教えない」という意識が大切です。**何を教えるかよりも，何を教えないか（生徒たち自身につかませるか）を考えるわけです。また「計画は計画すること自体に意味がある」（見通しを得るために綿密に計画を立てる）のであって，授業では生徒たちの思考の必然性に沿って臨機応変に創発的に授業をリデザインしていくことが重要です。事前に「まとめ」を明確化しても，教師の想定を超える「まとめ」が生まれることをめざすとよいでしょう。

生徒が「見える」ということ

　教師としての成長の中核は，教科の内容についての正しい理解や深い教養があるだけでなく，それぞれの内容を学ぶ際に生徒たちがどう思考し，どこでどうつまずくかの予測やイメージが具体的で確かなものになっていくこと，いわば学び手の目線で教育活動の全過程を眺められるようになり教育的な想像力が豊かになること（生徒が「見える」ようになること）です。そして，評価という営みは，まさに生徒理解や生徒を見る目の確かさにかかわるものです。**日々の授業において「目標と評価の一体化」を意識することは，計画段階で生徒の学びや授業の展開が「見える」ためのイメージトレーニングなのです**[*18]。

Q24 生徒の学習改善につながる 形成的評価とは？

学習者自身の気づきを促し，等身大の自己評価と確かな自信を形成する

　「形成的評価」を生かした授業方式としては，授業途中や単元途中に形成テストを行って，その結果に応じて即時フィードバックを与えたり，補充学習や発展学習の機会を提供したりして一定水準の目標達成を目指す完全習得学習（マスタリー・ラーニング）が有名です。近年の「個別最適な学び」，特に「指導の個別化」やAI型ドリル等の活用にそれは生かされています。

　授業の日常において，形成的評価は教師と生徒のやり取り，特に生徒の学習活動を受けてなされる助言（瞬時の対応やフィードバック）の中に埋め込まれています。助言は，「目標に到達する上で現状はどうなっているか」「どこはできていてどこは課題があるのか」という，現在の学習状況についての自己認識を促しながら，次に何をどうがんばればよいかの見通しや意識すべき点や改善の手だても指し示すことが大切です。「うん，残念（共感）。でもとても柔らかくて，きれいに跳び箱に乗っているよ（フィードバック）。今度は思い切って遊んでごらん（改善へのアドバイス）」のように，学習者の思考や感情を共感的に受け止め，現状の学びの状況について値打ちづけや励ましも含むかたちでフィードバックし，学習活動を改善するための手がかりをアドバイスします。

　妥当性や間違っている部分を指摘するよりも，学習者自身が自覚できるような促しのほうがよいこともあります。たとえば間違った単語の綴りや文章のわかりにくい部分を，そのまま教師あるいは学習者自身が読み上げてみることで，「同じ言葉を繰り返してる」など学習者自身が間違いやわからなさに気づくことを促す。その子なりに少し挑戦する場を与え，活動そのものから直接的に得られるフィードバックや手応えを積み重ね，振り返りによりそれを意識化することで，他人からの声かけや評価に依存することなく，甘すぎず辛すぎずでもない等身大の自己評価と確かな自信が形成されていくでしょう。

形成的評価やフィードバックの際，知らず知らずのうちに決めつけて，要はこういうことだと教師の言葉でまとめてしまっていないでしょうか。思いや感情を受け止める間を置かずに，合理的な解決の提示を急いだりしてはいないでしょうか。「そういうふうに考えているんだね」と否定も肯定もせずに生徒の感情をまず受け止めることが，受容的で応答的な関係を構築する出発点です。

形成的評価の新しい考え方

今般の学習評価改革では形成的評価研究の近年の動向を踏まえて，教師が評価を指導改善に生かす（「学習のための評価」）のみならず，学習者自身が評価を学習改善に生かしたり自らの学習や探究のプロセスの「舵取り」をしたりすることの意義が強調されています（学習としての評価，**表7**）。学習者自身が自らのパフォーマンスの善し悪しを判断していけるようにするには，授業後の振り返りや感想カードなどで学習の意味を事後的に確認，納得するのでは不十分です。

学習の過程において目標・評価規準，およびそれに照らした評価情報を，教師と学習者の間で共有すること，これにより目標と自分の学習状況とのギャッ

表7．教育における評価活動の三つの目的 (石井，2015)

アプローチ	目的	準拠点	主な評価者	評価規準の位置づけ
学習の評価（assessment of learning）	成績認定，卒業，進学などに関する判定（評定）	他の学習者や，学校・教師が設定した目標	教師	採点基準（妥当性，信頼性，実行可能性を担保すべく，限定的かつシンプルに考える。）
学習のための評価（assessment for learning）	教師の教育活動に関する意思決定のための情報収集，それに基づく指導改善	学校・教師が設定した目標	教師	実践指針（同僚との間で指導の長期的な見通しを共有できるよう，客観的な評価には必ずしもこだわらず，指導上の有効性や同僚との共有可能性を重視する。）
学習としての評価（assessment as learning）	学習者による自己の学習のモニターおよび，自己修正・自己調整（メタ認知）	学習者個々人が設定した目標や，学校・教師が設定した目標	学習者	自己評価のものさし（学習活動に内在する「善さ」（卓越性の判断規準）の中身を，教師と学習者が共有し，双方の「鑑識眼」（見る目）を鍛える。）

※振り返りを促す前に，子どもが自分の学習の舵取りができる力を育てる上で何をあらかじめ共有すべきかを考える。「学びの舞台」があってこそ見通しが生まれ段取りを立てる必然性が生じる。

プを自覚し，それを埋めるための改善の手だてを学習者自らが考えるのを促すことが必要となります。作品の相互評価の場面で，また日々の教室での学び合いや集団討論の場面で，よい作品や解法の具体的事例に則して，パフォーマンスの質について議論する（学習者の評価力・鑑識眼を肥やす機会をもつ）。そして，どんな観点を意識しながら，どんな方向をめざして学習するのかといった各教科の卓越性の規準を，教師と学習者の間で，あるいは学習者間で，教師が想定した規準自体の問い直しも視野に入れて，対話的に共有・共創していくわけです。教師が生徒のつまずきを直接的に指導するよりも，生徒同士の学び合いの力を生かすような，間接的な手だてや仕かけを工夫することが肝要です。

補　論

教育評価論のエッセンス

——改革の"今"と"これから"をつかむために——

教育評価論のエッセンス ❶

教育評価に関する理論の展開

教育「測定」運動から教育「評価」概念の提起へ

　社会の近代化・産業化が本格的に進行する前夜，試験といえば口頭試問が，あるいは筆記試験でも論文形式が支配的であった時代においては，専門家による認定評価（西洋中世の大学における学位授与や伝統芸能における資格認定などにもみられる専門家の絶対的判断や見識による評価）が中心的な役割を果たしてきました。また，多くの社会が通過儀礼（イニシエーション）の習俗をもち，そこでは一定の年齢に達した子どもが年長者から様々な試練（例：石や米俵をかつぐ，長文の規約を暗誦する等）を課せられ，それを通過した場合にのみ「一人前」として認められてきました。これは目標準拠評価の原初的な形態ということができます。

　20世紀初頭になると，口頭試問や論文試験の主観性を克服しようとする動きが生まれます。産業化の進展を背景に，最少の浪費で最大効果を収めようとする能率追求の動きや科学的根拠に基づく改革を信頼する風潮が高まり，教育効果の客観的で精密な測定の道具が開発されていきました。たとえば教育心理学の祖と言われるソーンダイク（Thorndike, E. L.）は，教育の諸問題に統計的方法や数量的研究の方法を適用して，人間の精神作用や教育効果を測定する数々の客観テストを開発し，1902年にはコロンビア大学で初めて「教育測定（measurement）」の講義を行うなど，「教育測定運動」が展開していきました。

　教育測定運動，評価の客観性・科学性を追求すべく，相対評価が中心的な役割を果たすこととなり，知能検査，適性検査，標準学力検査をはじめ，誰が採点しても同一の結果が得られる客観テストの開発が進みました。それと同時に，評価結果の解釈の尺度において客観的に原点を決めるために，テスト得点や成績評点の標準化が進められました。すなわち，大規模テストにおいて，テストの対象になる人々の標本集団の平均得点を原点とするわけです。

しかし教育測定運動に対しては教育的視点からの批判が投げかけられます。たとえばタイラー（Tyler, R. W.）は，教育測定運動が評価の信頼性や客観性を優先し，測定目的と測定対象について十分問うことなく，測定の自己目的化に陥っている点に批判意識をもっていました。客観的に測定しやすいものは測られる一方で，本来実践者がめざしていた教育的に価値のある育ちがないがしろにされていないかというわけです。

タイラーは測定の対象と規準を教育目標と結びつけて問うことで，実践改善のフィードバック情報を得るための契機として教育測定を位置づけ直すことを提案しました。そして彼は「教育測定（measurement）」に代わって，「教育評価（evaluation）」という概念を導入し，目標と評価の不可分な関係を提起したのです。必ずしも客観的に厳密に測定できるものでなくても，測りたいもの，育てたいものであることを優先し，評価の教育的活用の重要性を説きました。

目標と評価を軸とするカリキュラムづくりの理論化

タイラーは目標と評価の一体的関係を生かす形で，カリキュラム設計の方法論を定式化していきました。タイラーはカリキュラムを創る際に答えなければならない問いとして，以下の四つを挙げました。

① 学校はどのような教育目的を達成するように努めるべきか

② どのような教育的経験を用意すれば，これらの目標は達成できるか

③ これらの教育的経験は，どのようにすれば効果的に組織できるか

④ 目標が達成されているかどうかは，どのようにすれば判定できるか

タイラーが定式化した一連のプロセスにおいて注目すべきは，「教育目標（objectives）」の設定がカリキュラムや授業の計画の最初になされ，教材や学習経験の選択と組織化の規準として，また実践されたカリキュラムや授業の評価の規準として機能するものと位置づけられている点です。

さらにタイラーは学習経験の選択や組織化，および評価方法の選択や評価規準として役に立つような，効果的な目標の記述の仕方を提案しました。教育の目的は子どもの行動・活動に意義ある変化をもたらすことであるから，教育目標は子どもの中に生じる行動・活動の変化として叙述されるべきだ，というのです。たとえば「三平方の定理（内容的局面）を現実場面に応用することができる（行動的局面）」という具合に，何を教えるかを示す内容的局面と，教え

た内容を子どもがどう学んだかを示す行動的局面を含む形で，教育目標を叙述する方法を提起しました（「行動目標（behavioral objectives）」論）。こうしたカリキュラム設計の方法論は「タイラー原理（Tyler rationale）」と呼ばれ，その後のカリキュラム研究における支配的パラダイムを形成することになりました。なお，「行動的局面」という名称には，当時の行動主義心理学（刺激と反応の連合といった，観察可能な行動のみに焦点化して人間の学習を科学的に解明しようとする）の影響も見られますが，タイラーのいう「行動的局面」には，思考力や情意や社会性など，認知過程や汎用的能力のようなものも含まれて構想されていました。

　タイラーの行動目標論は，1956年，彼の教え子のブルームらの「教育目標の分類学（taxonomy of educational objectives）」（タキソノミー）の開発に結実します。32頁でも紹介したように，タキソノミーは目標の行動的局面の中身（学力の質）を分析的かつ構造的に捉える枠組みです。タキソノミーは認知領域のみならず情意領域についても開発され，日本の観点別評価にも影響を与えました。さらにブルームは正規分布曲線に基づく相対評価を批判し，目標準拠評価に依拠しながら，「形成的評価」を生かして学力保障をめざす授業方式として，マスタリー・ラーニング（mastery learning）を提唱しました。ただし，行動目標論は，目標を要素に細分化して段階的に学習させていく機械的なプログラム学習として理解されがちでした。

　日本で「指導と評価の一体化」が主張されてきた背景には，こうしたタイラーやブルームの理論があります。そして，「行動目標」の考え方は，「何ができるようになるか」で目標を考える，コンピテンシー・ベースや資質・能力ベースの発想の原点であり，また，パフォーマンス評価とルーブリックにつながる考え方も内包していました。

子どもの学びや経験からのカリキュラムの問い直し

　タイラーやブルームの理論に対しては批判もなされました。タイラー原理や行動目標論に対して，たとえばアイスナー（Eisner, E. W.）は，人間の行動の要素（下位目標）を効率的に訓練して画一的な最終目標を達成する工場モデルだと批判しました。またジャクソン（Jackson, P.）による「ヒドゥン・カリキュラム（hidden curriculum）」（学校生活を通して学習者が無意図的に学び

取ってしまっていること）の発見などにより，教師の意図と子どもが実際に学んでいることとのずれ，特に学校カリキュラムの政治的・社会的機能が明らかになりました。カリキュラム研究では，教育活動の計画よりも学習経験（学びの履歴としてのカリキュラム）の記述・解釈に重点が置かれるようになりました。そうして，量的な評価に対して質的な評価を，結果に対してプロセスを，共通性に対して多様性を，目標準拠評価に対して目標にとらわれない評価を強調する，オルタナティブな評価も模索されました。

　時期を同じくして，学習心理学において行動主義から認知主義（人間の内面の認知処理のメカニズムを科学的に解明する）への転換が起こり，外界からの情報を能動的に解釈し，自分なりの意味を構成する動的な過程として学習を捉える「構成主義（constructionism）」の学習観が提起されました（**表8**）。学校で学ぶ前の子どもたちの頭の中は「白紙」ではく，生活経験等をとおして構築した子どもなりの理屈（素朴概念）があって，そこと関連づけたり，素朴概念を組み替えたりすることで，新たな内容は理解を伴って習得されていきます。知識は詰め込みたくても詰め込めないのです。

　認知心理学では，学習者はそうした自己の認知過程を認知し（メタ認知），自己調整的に学習することで，生得的な学習能力や学習環境などの固定的な条件をも自らの手で主体的に改善していける有能な存在として捉えられています。「自己調整学習（self-regulated learning）」に関する代表的論者であるジマーマン（Zimmerman, B. J.）は，学習者の主体的関与が学習成立にとって不可欠の契機であるとして，学習目標の設定，目標を達成するためのプランの作成，学習の遂行過程の制御，結果の自己反省，という学習者自身による能動的で持続的な自己調整のサイクルとして学習を捉えます。多かれ少なかれ学習者は自らの学習や行動を何らかの方法で自己制御しようとしていますが，その

表8. 知的行動を研究する立場 (市川, 1995)

	行動主義	認知主義	状況主義
学習とは	刺激・反応の連合	知識構造の構築	文化的実践への参加
キーワード	条件づけ 反復・強化	表象 情報処理	正統的周辺参加（LPP）
特徴的な方法論	統制された実験	情報処理モデル	民族誌的観察・記述
背景となる学問	神経生理学 進化論	情報科学 人工知能	文化人類学 社会学

質ややり方に違いがあるとして，巧みな自己調整学習者がするような学習の自己成就サイクルを，学習者が自らの手で確立していけるように指導していく必要性を提起しました。1980年代半ば以降は，学習を個人の頭の中で生じる営みではなく，社会・文化的な状況に埋め込まれた営み（特定の共同体や文化の中での道具や他者との相互作用）として捉える見方（「社会的構成主義（social constructivism）」の学習観）が主張されるようになり，認知心理学に状況論的アプローチが生まれました。知識や認知は個人の頭の中にあるだけでなく，道具，本，コミュニティなどに分散的に分かちもたれているものであって，学習において状況や文脈，あるいは他者との協働を重視するわけです。評価の文脈の重要性を説くパフォーマンス評価論には，この状況論の影響が見て取れます。

ポスト・ブルームの評価論の展開

上記のタイラー，ブルームの理論への批判，そして，学習観の転換を伴った学習心理学の展開をふまえながら，1980年代末くらいから，タイラー原理，行動目標，タキソノミー，形成的評価等の新しい形（ポスト・ブルームの評価論）が提案され始めます（**表9**）。1980年代には英米において，現場の創意工夫を促す一方で，学力テストの結果によるアカウンタビリティを課したりランキングを公表したりという，競争的で新自由主義的な学力向上政策が展開しました。しかし米国では，多肢選択式等の伝統的な客観テストである「標準テスト（standardized test）」で学校評価がなされている状況に対して，そこでの評価対象が断片的な知識・技能の有無という評価しやすい部分に限定されていて，テスト（測りやすい結果）のための教育になっているとの批判が巻き起こ

表9. ポスト・ブルームの評価論の模索（1989年以降に顕在化）(筆者作成)

	ブルーム理論	ポスト・ブルームの評価論
目標分類の枠組み	ブルーム・タキソノミー	改訂版タキソノミー，新しいタキソノミー，知識の構造
目標・評価関係と評価観	行動目標に基づく評価，集団準拠評価と規準準拠評価の区別	パフォーマンス評価（真正の評価），ドメイン準拠評価とスタンダード準拠評価の区別
評価の機能	診断的評価，形成的評価，総括的評価の区別	学習の評価，学習のための評価，学習としての評価の区別
評価を生かした教育方法	マスタリー・ラーニングによる授業開発	逆向き設計によるカリキュラム設計

り，生きて働く学力を捉え育む評価として「パフォーマンス評価（performance assessment）」が誕生しました。

パフォーマンス評価は実際に各教室や各学校で実践されているカリキュラムの豊かさを可視化し，その価値を広く保護者や市民にも認識可能なものとしていく意味ももっていました。パフォーマンス評価は「真正の評価（authentic assessment）」とも呼ばれますが，そこには，教師たちの教室での創造的な教育実践の実態を，またそうした教育実践が育む本物の学力を映し出す評価という意味が込められています。パフォーマンス評価は，構成主義や社会的構成主義の立場から行動目標論を問い直すもので，「ドリル」（要素的で機械的な作業）よりも「ゲーム」（全体論的な思考を伴う実践）を軸に目標と評価を構想するものです（**表10**）。オーストラリアの評価研究者のサドラー（Sadler, D. R.）は，要素の習得・未習得を点検する（ドメイン準拠評価）と，全体的なパフォーマンスの水準をルーブリック等で判断するもの（スタンダード準拠評価）という，目標準拠評価の二つの形を提起しました。

パフォーマンス評価などの新しい評価方法が育もうとする，新しい時代において重視される目標の中身を明確化すべく，**図24**（62頁）で挙げたような様々な目標分類の枠組みが提起されました。2001年にはブルームの教え子であるアンダーソン（Anderson, L. W.）らの「改訂版タキソノミー（Revised

表10. 行動目標に基づく評価とパフォーマンス評価の違い（筆者作成）

	行動目標に基づく評価	パフォーマンス評価
学力の質的レベル	知識・技能の習得（事実的知識の記憶／個別的スキルの実行） 機械的な作業	知識・技能の総合的な活用力の育成（見方・考え方に基づいて概念やプロセスを総合する） 思考を伴う実践
ブルームの目標分類学のレベル	知識，理解，適用	分析，総合，評価
学習活動のタイプ	ドリルによる要素的学習（プログラム学習志向） 要素から全体への積み上げとして展開し，「正解」が存在するような学習	ゲームによる全体論的学習（プロジェクト学習志向） 素朴な全体から洗練された全体へと螺旋的に展開し，「最適解」や「納得解」のみ存在するような学習
評価基準の設定の方法	個別の内容の習得の有無（知っているか知っていないか，できるかできないか）を点検する 習得目標・項目点検評価	理解の深さや能力の熟達化の程度（どの程度の深さか，どの程度の上手さか）を判断する 熟達目標・水準判断評価
学習観	行動主義	構成主義

Bloom's Taxonomy)」と，「学習の次元（Dimensions of Learning）」といった思考スキルのタキソノミーを開発してきたマルザーノ（Marzano, R. J.）の「新しいタキソノミー（New Taxonomy）」という，ブルーム・タキソノミーを改訂する試みが相次いで刊行されました。これらはともに，**図 68** のような形で知識と認知過程の二次元でタキソノミーを再構成するとともに，「概念的知識」や「メタ認知」といった概念も位置づけています。

　「真正の評価」論の提唱者であるウィギンズ（Wiggins, G.）は，マクタイ（McTighe, J.）とともに，本質的な問いや永続的理解を深めるパフォーマンス評価を軸に「タイラー原理」を発展的に継承し，「理解をもたらすカリキュラム設計（Understanding by Design）」，いわゆる「逆向き設計」論を提起しました。知識・技能を完全習得しないと考える力の育成には進めないという段階論ではなく，本文中でも述べてきたように，知識・技能を使いこなす「学びの舞台」を軸に単元で子どもたちを育てていくわけです。「逆向き設計」論では「本質的な問い」で深めるべき内容を見極めるために，「概念型カリキュラム（concept-based curriculum）」を提起したエリクソン（Erickson, H. L.）に学び，「知識の構造（structure of knowledge）」という知識を類型化したタキソノミーが示されています。それは，1950 年代末の科学技術革新と知識爆発に対して，各学問分野の基盤となり繰り返し問われる本質的で基本的な「構造（structure）」を軸にカリキュラムを精選・構造化することを提起したブルーナー（Bruner, J. S.）らの考えを発展的に継承するものです。ブルーナーは，実際に活動しながら具体的・感覚的につかむようにするなど，発達段階に適した形式に翻案し提示の方法を工夫すれば幼児なら幼児なりの形で本質的な構造は学べると主張しました（スパイラル・カリキュラム）。さらにタイラーの同

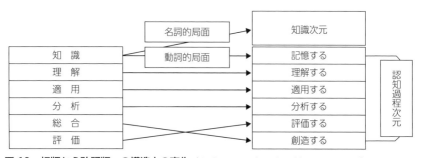

図 68. 初版から改訂版への構造上の変化（Anderson and Krathwohl, op. cit., 2001）

僚でもあったタバ（Taba, H.）は，高次の思考力を育成する上で抽象概念の価値に着目し，事実，概念，一般化と原理といった形で知識を類型化し，スパイラル・カリキュラムの原理を精緻化しました。「見方・考え方」概念や「本質的な問い」は，「構造」概念にルーツをもちます。国際バカロレア（IB）の基盤とされるエリクソンの「知識の構造」や「知る（Know（factually））」「理解する（Understand（conceptually））」「できる（be able to Do（skillfully））」の三次元カリキュラムは，タバの所論を発展的に継承するものです。

　教室の外からの学力テストの押しつけに対抗する動きは英国でも起こり，形成的評価は，より教室内部での子どもたちの学びに即した評価として捉え直されました。すなわち，表7（135頁）のように，「学習の評価（assessment of learning）」に対して，教師が子どものつまずきを生かす「学習のための評価（assessment for learning）」，さらに，子ども自身が自らつまずきを生かす「学習としての評価（assessment as learning）」の考え方が提起されたのです。イギリスの評価研究者のブラック（Black, P.）とウィリアム（Wiliam, D.）が形成的評価の教育効果の高さを示したことを契機に，形成的評価研究は新たな進展を見せました。そして「学習のための評価」といったキーワードは，トップダウンの学力テスト政策に対して，教室での評価や教室の内側からの改革を導くものとしてしばしば用いられます。「学習としての評価」は評価への子どもたちの参加や子どもたち自身の自己評価・相互評価を重視し，形成的評価を先述の自己調整学習者の育成につなげていこうとするものです。

　以上のような教育評価の考え方の変化に伴って，1980年代の英米では，「教育評価」を意味する言葉として「エバリュエーション（evaluation）」に代わって，「アセスメント（assessment）」が使われるようになりました。アセスメントは"sit beside"や"sit with"（そばに寄り添う）を意味するラテン語の"assidere"を語源としており，こうした用語法の変化からも，評価という営みが学習者の学習のプロセスに寄り添いながら，学習者のためになされるものとして捉えなおされていることが見て取れます。「測定」概念への批判から注目された「エバリュエーション」概念が，カリキュラムレベルでの判定・価値づけの意味に矮小化されていた状況に対して，「アセスメント」概念はタイラーの「エバリュエーション」概念に内包されていた評価観の転換への志向性を，学習者主体の形で再確認するものと見ることができます。

戦後日本の指導要録改訂の歴史

歴史をふまえて指導要録改訂の意味をつかむ

　日本ではほぼ10年おきに学習指導要領が改訂され，それに合わせて児童・生徒指導要録も改訂されます。2019年の指導要録改訂では，資質・能力の三つの柱に対応する形で「観点別学習状況」欄の観点が「知識・技能」「思考・判断・表現」「主体的に学習に取り組む態度」の3観点で整理され，高等学校でも観点別評価が本格的に導入されることが注目されています。「関心・意欲・態度」から「主体的に学習に取り組む態度」への変化の意味するところは何か，高校では観点別評価を実施すると成績分布が変わってくるのではないかといった点もしばしば議論になります。指導要録改訂の意味は，その歴史的な展開を見ることでよりクリアに見えてくるものです。ここでは，**表11**に示した時期区分に沿って，戦後のこれまでの指導要録の変遷をたどりながら，「評定」欄の導入とその位置づけの変化について，その背景も含めて解説します。

表11. 指導要録の改訂と時期区分（田中，2010年）

第1期	1948（昭和23）年版指導要録	戦前の「考査」への反省と「指導機能」重視
第2期	1955（昭和30）年版指導要録 1961（昭和36）年版指導要録 1971（昭和46）年版指導要録	「相対評価」の強化と矛盾の激化
第3期	1980（昭和55）年版指導要録 1991（平成3）年版指導要録	矛盾の「解消」としての「観点別学習状況」欄の設定
第4期	2001（平成13）年版指導要録 2010（平成22）年版指導要録	「目標に準拠した評価」の全面採用，「目標に準拠した評価」と「個人内評価」の結合

戦後最初の指導要録における指導機能の重視

　戦前の「学籍簿」の反省に立って，戦後最初の指導要録では「指導のための原簿」としての性格が強く打ち出されました。文部省学校教育長名の通達「小学校学籍簿について」（1948年11月12日）では，「小学校学籍簿の趣旨」として，「1. 個々の児童について，全体的に，継続的に，その発達の経過を記録し，その指導上必要な原簿となるものである。2. 記録事項は新らしい教育の精神からみて，とくに重要と思われるものを選定してある。3. 出来るだけ客観的に，しかも簡単に，かつ容易に記録されるように作られてある」と述べられています（1950年に「学籍簿」は「指導要録」に名称変更）。それゆえ指導要録は，常時教師の机の上において使用し，必要な場合には欄を増やしたり紙を貼ったりしながら，個々の子どもたちの成長発達の状態を全体的・継続的に記録していくことが推奨されていました。

　1948年版の指導要録において，「学習の記録」欄では，「普通の程度を『0』，それよりすぐれた程度のものを『＋2』，それより劣る程度のものを『－2』とする。『＋1』『－1』はそれぞれ中間の程度を示す。一般に『0』が多数，『＋2』『－2』は極めて少数」といった具合に，「＋2，＋1，0，－1，－2」の5段階相対評価が採用されました。各教科で「理解」「態度」「技能」といった観点ごとに，相対評価に基づく分析評定を行うことで，評価の客観性がめざされたのです。他方，「学習指導上とくに必要と思われる事項」欄と「全体についての指導の経過」欄では記述式の個人内評価が採用され，子どもを全体的かつ継続的に評価することがめざされました。

　国民学校期の学籍簿（1941年）の「操行査定」に象徴されるように，戦前の基本的な教育評価観は，絶対者としての教師の主観的で恣意的な判定による評価としての「（狭義の）絶対評価」でした。それは「人物第一・学力第二」という思想の下で，子どもたちを人格的に服従させるものであったのです。

　1948年の指導要録における相対評価の採用は，こうした戦前の絶対評価の主観性を克服する意味をもっていました。ただし，当時文部事務官であり改訂委員でもあった小見山栄一は正規分布曲線に基づく相対評価の絶対化に関して，次のように警告していました。①このやり方は，教育測定の精神に則ったものであり，価値的判断を行う教育評価の精神には必ずしも則ったものではな

い。②この方法では，学年やクラスの差，あるいは学級差を知ることはできない。③この方法は，児童の相対的な位置を知ることはできるが，教育的にそれぞれの児童の理解に基づいた処置をすることはできない。たとえば，自分が努力しても，級友も努力したので，成績が上がらなかった場合，その努力を評価してあげられない。④この方法は，統計上の大数の法則に基づいたものであって，わずか5，60人の学級に適用するには無理がある。

　この小見山の警告では，教育的観点からのみならず，客観性・信頼性の観点からも相対評価の限界が指摘されており示唆的です。

1955年指導要録改訂における「評定」欄の導入

　指導機能を重視するものとして生まれた「指導要録」は，1955年の改訂で大きく変更されました。その性格規定として，指導機能と同時に外部に対する証明機能を負うことになったのです。外部に対する証明機能が追加されることによって，指導要録の様式と記載事項には解釈上に相違が生じたり，誤った理解が生まれたりしないことが条件として厳しく要求されることになりました。そして，「簡素化」「客観化」「統一性」という三つの条件が強調されるようになりました。

　まず「簡素化」は，「学習の記録」において，1948年版の「分析評定」に代えて「総合評定」が採用されることで実現されました。すなわち「学習の記録」を「評定」欄と「所見」欄とに分け，「評定」欄には「5，4，3，2，1」の5段階相対評価を採用し，「所見」欄には，掲げられる観点（たとえば社会科であれば「社会的な関心」「思考」「知識・技能」「道徳的な判断」）について，その個人として比較的すぐれている特徴があれば，該当する観点に○印を記入するといった具合に，個人内評価を採用したのです。

　「評定」欄導入の背景には，証明機能が重視されると，一教科一評定のほうが選抜資料としては使いやすいという理由がありました。この「総合評定」としての「評定」欄の導入により，5段階相対評価が一人歩きを始めます。

　次に「客観性」の要求は，「簡素化」の要求と相まって，教育評価観における相対評価の存続・強化という形で具体化されていきました。評価の客観性・信頼性が求められる「内申書」の学力評価欄では，選抜資料としての学校間の公平を期するために，厳密な相対評価が要求されるようになります。そして，「内

申書」の記載様式が，指導要録の記載様式を規定するようになっていきました。

　最後に「統一性」の要求は，指導要録の様式を事実上文部省通達の様式で統一することを促しました。1958年版の学習指導要領が法的拘束力をもって「告示」されたことも背景にあって，指導要録の「統一性」の要求は，それを固定化・画一化する方向で作用し，指導要録の形骸化を招くこととなりました。

　1961年版の指導要録では相対評価を原則としつつも，学習指導要領に示す各教科の目標の達成状況を加味して評価するという方針が採用されることになりました。いわゆる「絶対評価を加味した相対評価」です。「学習指導要領に定めるその教科の教科目標および学年目標に照らし，学級または学年において，普通の程度のものを3とし，3より特にすぐれた程度のものを5，3よりはなはだしく劣る程度のものを1とし，3と5または3と1の中間程度のものをそれぞれ4もしくは2とすること」とされたのです。

　ただし，「絶対評価を加味した相対評価」は原理的に異なるものを折衷しており，すべての子どもが普通程度に到達していたとしても，一定の配分率に即して振り分けなくてはならないといった根本的な矛盾が生じます。その結果，実際には目標準拠評価の要素はほとんど加味されず，「4」か「3」かといった境界にいる子どもたちを，そのがんばり具合などを勘案して調整する，相対評価に個人内評価を加味する形で運用されがちでした。

1980年指導要録改訂における「観点別学習状況」欄の導入

　このような指導要録の性格転換による形骸化に対して，1970年代になると，客観性の根拠とされてきた相対評価への批判が起こりました。相対評価は必ずできない子（「1」を付ける子）がいることを前提とする非教育的な評価論であること，個人が努力してもほかの子に勝たないと成績が上がらないために排他的競争を常態化すること，そして，「5」を取ってもそれは集団における相対的な位置が上位であるという意味であって，そこで獲得した学力の実態を映しだすものでないことが批判されたのです。

　そうした批判もあり，1971年版の指導要録では「評定」欄で「五段階で機械的に配分することのないように」と明記されるなど，相対評価の後退が少しずつ始まります。このような流れの中で，1980年版の指導要録で登場したのが「観点別学習状況」欄です。それは「絶対評価」の対象とされました。

1991年版の指導要録では個性的な学力のあり方を多面的に評価することが重視され，「教科の学習の記録」は「観点別学習状況」欄が中心とされ，「評定」欄や「所見」欄よりも先に置かれました。小学校の1，2年生では「評定」欄が廃止され，小学校3年から6年までは3段階評定となりました。そして「観点別学習状況」欄は，A（十分満足），B（おおむね満足），C（努力を要する）の3段階で，教科の目標に準拠して評価することが期待されていました。

　当時，「絶対評価」の解釈をめぐっては，評価者の主観的な判断を優先する認定評価なのか，目標準拠評価なのかと議論がなされましたが，要録改訂の責任者であった奥田真丈は，「観点別評価は，『個人内評価』という用語が一番当たる」と解説しました。「評定」欄が相対評価で付けられる以上，「絶対評価を加味した相対評価」がそうであったように，そのような形でしか位置づけられなかったということでしょう。

2001年指導要録改訂における「相対評価」から「目標準拠評価」への転換

　2001年版指導要録は1991年版と同様に「観点別学習状況」欄を基本とすると述べつつ，「評定」欄において相対評価をやめ，目標準拠評価を採用することを宣言しました。また「総合的な学習の時間の記録」欄や「総合所見」欄などで児童・生徒の可能性や進歩の状況をみる個人内評価を採用することが明示されました。2010年版，2019年版でも，この評価観が継承されています。

　目標準拠評価の導入によって，相対評価が生み出してきた評定の非教育性が克服され，「観点別学習状況」欄と「評定」欄の矛盾も解消されることとなりました。しかし，目標準拠評価が評価の証明機能を担いうる客観性・信頼性をもちうるのか，「観点別学習状況」欄（分析評定）と「評定」欄（総合評定）との関係をどう考えるのかといった点が，改めて問われるようになっています。

　この評定の客観性・信頼性に関連して，教育現場では評定値の配分率について，相対評価に近い分布に向けて指導助言が行われる事態も見られます。そこからは正規分布曲線が「正常」であり，それに合わせておけば評定の客観性・信頼性が担保されるという前提を見て取れます。学校間の評定のばらつきや，各学校における評定値の全体的上昇や特定の評定値への集中に対しては，教育の成果によるものとの解釈も成り立ちえます。そうした可能性を想定せず，自

然状態の正規分布を「正常」とするのは，教師の働きかけの効果を否定する見方につながります。そもそも相対評価の客観性・信頼性にしても，ある学校で「5」の子どもが別の学校ではそうとは限らないというように，その学級あるいは学校の中でのみ通用するものです。また，たとえば同じく国語科の学力を評価しているといっても，その中身が違えば比較は困難です。

目標準拠評価の客観性・信頼性は，教育目標と評価規準・基準を明確に設定し，評価手続きの一貫性を確立するとともに，教師間，学校間で調整・共有していくこと（モデレーション）を通して担保されます。モデレーションのプロセスは，教師の目標理解や評価力量（評価リテラシー）を高める研修と結びつけて展開される必要があります。64 頁でも述べたように，評定の客観性・信頼性の問題は技術的な問題にとどまらず，評価結果に対する当事者間の間主観的な合意や納得可能性という観点からも考えていく必要があるでしょう。

目標準拠評価への転換においては，内申書の形式やその入試における位置づけ自体が再考されねばなりません。そもそも内申書は下級学校の教育課程を尊重することを意図した制度です。現在の簡素な内申書ではなく，中学校においてどのような目標がめざされ，子どもたちが何をどれだけ学んだのかがわかるような形式を考えていくことも必要です。さらに，「評定」を，合算されて意味をもつ「評点」ではなく，それ自体が学習の水準を示す「等級」として捉えなおし，評定の合計値の序列による選抜ではなく，学習した内容や水準によって適格性が判定される資格型の入試の仕組みも考えられるでしょう。

評定値の配分率を正規分布曲線に近づけようとする傾向は，評価の客観性・信頼性の問題のみならず，選抜試験型の入試の下での序列化の圧力とも関係していると考えられます。目標準拠評価の客観性・信頼性の問題は，選抜試験型から資格試験型へと入試の基本的なあり方を転換していくことを視野に入れて議論される必要があります。

歴史をふまえ国際的な動向を参照しつつ教育評価の未来を構想する

以上のように，日本の評価制度は，国際的な教育評価研究の流れにも影響されながら展開してきました。特に，PISA ショックを受けて，「パフォーマンス評価」の文言も盛り込まれた 2010 年版の指導要録，さらにコンピテンシー・ベースの改革を背景に概念的知識やメタ認知等も意識され，「学習としての評

価」に相当する学習改善の必要性も盛り込まれた 2019 年版の指導要録と，2000 年代に入ってからの評価制度改革は，ポスト・ブルームの評価論を実装していく過程として捉えることができます。

　同時に，1990 年代に態度観点を最上位に位置づけた「新しい学力観」の下でブルーム理論が独特な形で摂取され，義務教育段階においてそれが，テストと平常点の相互補完関係や「指導の評価化」の問題を生み出しがちな，日本的な観点別評価と指導と評価の一体化として定着した点も併せて問題にしないといけないこともわかるでしょう。

　日本的なブルーム理論の受容がもたらした問題点を是正しつつ，ポスト・ブルームの評価論へのバージョンアップを図る上で，本論で繰り返し述べてきたように，知識と態度の間で結果としてスルーされがちな「思考・判断・表現」を中軸に据え，それを育て評価するタスクの充実が鍵となるのです。特に高校は，30 年前の「新しい学力観」による観点別評価がたどった道を繰り返さぬよう，注意が必要でしょう。

本文注釈

*1 **【11頁，評定】**　「観点別評価」は形成的評価で，「評定」欄は総括的評価という言い方を目にしますが，誤った理解です。指導要録の「観点別学習状況」欄は正確には，観点別の「分析評定」と呼ぶべきものであり，「評定」欄は「総合評定」と呼ぶべきものです。

*2 **【12頁，「指導の評価化」の問題】**　特に，従来の小・中学校の観点別評価は，毎時間の授業で学びのプロセスを観察し，「思考・判断・表現」や「関心・意欲・態度」の表れを見取り，さらには記録する評価として捉えられ，まさに「指導の評価化」に陥りがちでした。

*3 **【12頁，観点別評価の本来の姿】**　さらに言えば，主体性などの情意領域を含まない観点別評価もありうるのであって，それどころか情意領域は見取り励ましても，評定は慎重であるべきだと評価研究では指摘されており，欧米ではそうした認識が一般的です。

*4 **【13頁，豊かな授業と貧弱な評価】**　特に小学校では，たとえば，モンシロチョウを素材に体のつくりをおさえたうえで，「じゃあ，ダンゴムシは昆虫？」，さらに「カブトムシの体って本当に頭，胸，腹の三つにわかれている？」といった具合に，わかったつもりを発問でゆさぶったりしながら授業を展開したりします。しかし「昆虫」概念をみんなで深く理解していくような「わかる」授業を展開しておきながら，単元末のテストでは体の部位の名称を穴埋めするようなずれた状況がないでしょうか。そうすると，結局，物事を深く理解するよりも，用語を覚えておけばいいのだろうという学習観を強化してしまいます。

*5 **【15頁，絶対評価】**　広義に「絶対評価」という場合は「目標に準拠した評価」「個人内評価」も含まれますが，厳密に「（狭義の）絶対評価」と呼ぶべきは，絶対者としての指導者（評価者）が，その心のうちに暗黙の形で存在する評価規準に従って判断するものです。たとえば，戦前の「操行」（道徳的な品性，行為，習慣）の評価（考査）は，「おまえは習字はうまいけれど，操行が悪い，だから丙だ」といった，教師の胸三寸による主観的で恣意的な評価となりがちでした。そしてそれは，成績を上げるために教師に忠誠心を示し服従するという状況を生み出しました。なお，現在の目標準拠評価も，特に情意面の評価において，目標の中身や評価基準が生徒にとって不透明な場合，事実上，戦前型の絶対評価と同様の状況をもたらします。狭義の絶対評価は，西洋中世の大学における学位授与や伝統芸能における資格認定などにも見られます。戦前型絶対評価の絶対性は，超国家主義（外的権力）に由来します。これに対して，専門家の資格認定における絶対性は，評価者の見識や属身的な権威に依存するものであり，その場合の絶対評価は「認定評価」とも呼ばれます。

*6 【29頁，大学入試の動向】　たとえば，京都大学の「特色入試」と産業能率大学の「スマホ持ち込み入試」はまったく違うスタイルの入試のようでいて，レディネスを問うという意味では共通しています。京大の「特色入試」では英文も含めて複数の資料を読み比べて論述することを求めたり，研究計画書をもとに口頭試問を行ったりします。まさに大学院入試とほぼ同じ形式が大学入試で行われているわけです。これは京大がアカデミックレディネスを求めているためです。対して産能大はキャリアへのレディネスを強く意識して，就職試験が大学入試に降りてきたような形になっています。ともに知識・技能面は共通テスト等で，一定水準をクリアしているかを資格要件的に確認する形になっています。

*7 【32頁，ブルーム・タキソノミー】　ブルームらは教育目標，特に「○○を理解している」といった動詞部分を分類し明確に叙述するための枠組みを開発し，それを「教育目標の分類学（taxonomy of educational objectives）」と名づけました。ブルームらによる教育目標の分類学は，一般に「ブルーム・タキソノミー」と呼ばれます。ブルーム・タキソノミー，および，その改訂を試みた様々な目標分類学の枠組みについては，石井英真『再増補版・現代アメリカにおける学力形成論の展開』東信堂，2020年を参照。

*8 【39頁，パフォーマンス評価】　またPAという場合，広義には，授業中の発言や行動，ノートの記述から，生徒の日々の学習活動のプロセスをインフォーマルに形成的に評価するなど，「パフォーマンス（表現）に基づく評価」を意味します。「総合的な学習（探究）の時間」の評価方法としてしばしば使用されるポートフォリオ評価法も，PAの一種です。

*9 【46頁，ペーパーテストで思考力を問えるか】　ペーパーテストも様々に工夫できますが，「使える」レベルの思考を問う上では限界がある点は指摘しておきます。表12（156頁）に示した枠組みは，「使える」レベルのうち，ペーパーテストで問える部分（レベル3）の存在を示しつつ，タスクに実際に取り組むことによってしか測れない思考や能力（レベル4）を示しています。テスト文脈はシミュレーションゲームのようなものであり，与えられた情報を限られた時間で処理する形になりがちです。実際に路上に出ずに，教習所の中の実習だけで運転する力を伸ばしたり試したりすることがないように，状況と対話しながら必要な知や情報を引き出したり，自分で調べたりしながら，より長い時間をかけて，持てるものを結集・総合し，臨機応変に思考を紡いでいけるかは，実際にやらせてみないと伸ばせないし評価もできないのです。

*10 【52頁，一枚ポートフォリオ】　一枚ポートフォリオについては，堀哲夫（2019）『新訂　一枚ポートフォリオ OPPA』（東洋館出版社）などを参照。

*11【63 頁，評価規準・基準】　　評価規準（criteria）は，何を評価するかという対象
や観点（到達目標）を示すものです。評価基準（standard）は，それについてどの
程度できていればよいかというパフォーマンスの水準や，ABC といった段階のカッ
ティングポイントを明確化するものです。

*12【64 頁，CCA や AAC は基本的にはない】　　『報告』は「知識・技能や思考・判
断・表現の観点が十分満足できるものであれば，基本的には，学習の調整も適切に
行われていると考えられる」（11 頁）としています。

*13【64 頁，総括のルール】　　積み上げて合算する場合の各観点の重みづけは，「１：
１：１」と機械的に考えることもできますが，４観点から３観点になっている点，
そして態度の観点がほかの認知的観点と連動するものとされている点を考慮すれ
ば，「２：２：１」くらいが妥当とも考えられます。同じ校内でも教科によってバ
ラバラという状況も目にしますが，観点の割合はめざす授業像と表裏であり，自治
体レベルで統一するかどうかは議論があるにしても，学校教育目標（目指す生徒
像）に照らして，学校としてある程度統一的な方針は必要でしょう。

*14【65 頁，ゴール・フリー評価】　　ゴール・フリー評価については，根津朋実
（2006）『カリキュラム評価の方法──ゴール・フリー評価論の応用』（多賀出版）
などを参照。

*15【67 頁，カリキュラム・マネジメント】　　学習指導要領ではカリキュラム・マネジ
メントの三つの側面が示されています。

①　各教科等の教育内容を相互の関係で捉え，学校教育目標を踏まえた教科等横断
的な視点で，その目標の達成に必要な教育の内容を組織的に配列していくこと。

②　教育内容の質の向上に向けて，子供たちの姿や地域の現状等に関する調査や各
種データ等に基づき，教育課程を編成し，実施し，評価して改善を図る一連の
PDCA サイクルを確立すること。

③　教育内容と，教育活動に必要な人的・物的資源等を，地域等の外部の資源も含
めて活用しながら効果的に組み合わせること。

第４章

*16【114 頁，ルーブリックの活用】　　内容だけでなく思考過程にも重きを置いて解釈
することで，英語のパフォーマンス評価（例：A 市に仕事に来たアメリカ人に，電
車の待ち時間の 45 分で楽しめそうな観光スポットを紹介する）でも，単語や文法
事項の正確さのチェックだけでなく，それらに少し誤りがあっても，自分の本当に
伝えたいことを英語らしく伝えようとしているか，というプロセスに重きを置いた
評価も可能になるでしょう（単語や文法事項については，ペーパーテストで確かめ
ればよいでしょう）。

*17【115 頁，ルーブリックの信頼性の高め方】　　ルーブリックの信頼性（比較可能

性）を高める方法として，クラス間，学校間で類似の課題を用い，それぞれの実践から生まれてきたルーブリックと学習者の作品を持ち寄って互いに検討する作業（モデレーション：moderation）があります。

*18【133頁，生徒が「見える」ということ】　たとえば，78−39＝417と答えた子どもは，計算の手続きを正しく習得できていないというレベル（やり方のつまずき）ではなく，39や417といった数の量感がイメージできていない（意味のつまずき）と考えられます。もっと言えば，そもそも算数の計算は現実世界とは関係のない記号操作としか捉えられていないかもしれません（学び方のつまずき）。計算間違い一つとっても，そこに何を見ているか，まなざしの先に見据えているものの違いに，教師としての力量の違いが表れます。生徒が見えてくることで，もっと理解したくなり，生徒が好きになるような評価が重要です。

表12. ウェブ（Webb, N.L.）の「知の深さ（Depth of Knowledge：DOK）」の4つのレベル

（石井 2020a。http://www.wcer.wisc.edu/WAT/index.aspx（2014年2月28日確認）よりダウンロードしたワークショップ用資料の内容と，http://wat.wceruw.org/Tutorial/index.aspx（2014年2月28日確認）をもとに，筆者が図表化）

レベル	一般的定義	国語・社会・数学・理科における目標例
レベル1： 再生（Recall）	事実・情報・手続きの再生。	国語：テキストの細かい記述を参照することで考えを支持する。 社会：出来事や地図，文書を再生または再認できる。 数学：測定のようなルーチン化された手続きを遂行する。 理科：事実や用語，特質を再生または再認する。
レベル2： スキル・概念 （Skill/Concept）	情報や概念的知識，二つ以上の手順等を用いる。	国語：知らない単語の意味を特定するために，文脈の手がかりを用いる。 社会：特定の出来事の原因と結果を描く。 数学：ルーチン化されたいくつかのステップから成る問題を解決する。 理科：事実，用語，特質，変数間の関係を具体的に述べ，説明する。
レベル3： 方略的思考 （Strategic Thinking）	推論，計画や手順の系列の開発，いくらかの複雑性，一つ以上の可能な解答を要求する。	国語：特定の話題を扱うために，複数の資料からの情報を要約する。 社会：変化が人々や場所にどのような影響を及ぼしたかを分析する。 数学：与えられた条件の下で，独自の問題を定式化する。 理科：ある科学的問題について，リサーチ・クエスチョンを同定し，調査をデザインする。
レベル4： 拡張された思考 （Extended Thinking）	調査が必要であり，問題の複合的な条件に関して思考したり，処理したりする時間が必要である。	国語：様々なテキストを横断するような新たな見方について検討し，説明する。 社会：ある状況・問題について調査する際に，その状況・問題を定義し，記述し，代替案となる解決策を提示する。 数学：問題を特定し，解決の道筋を決定し，問題を解決し，結果を報告するプロジェクトに取り組む。 理科：生徒にとって目新しい複雑な実験で得られたデータに基づき，統制されたいくつかの変数間の根本的な関係を推論する。

※「わかる」レベルと「使える」レベルの間の過渡的な段階としてのレベル3（ペーパーテストで評価可能なギリギリのライン）。

引用・参考文献

赤沢真世編著（2022）．小学校　外国語科・外国語活動の授業づくり．教育出版．36頁．

Anderson, L. W. & Krathwohl, D. R. eds.（2001）．*A Taxonomy for Learning, Teaching, and Assessing: A Revision of Bloom's Taxonomy of Educational Objectives*, Addison Wesley Longman. p310.

石井英真・鈴木秀幸編著（2021）．ヤマ場をおさえる学習評価・中学校．図書文化．

石井英真（2012）．学力向上．篠原清昭編著．学校改善マネジメント．ミネルヴァ書房．

石井英真（2015）．今求められる学力と学びとは．日本標準．

石井英真（2019）．新指導要録の提起する学習評価改革．石井英真・西岡加名恵・田中耕治編著．小学校指導要録改訂のポイント．日本標準．16-23頁．

石井英真（2020a）．再増補版・現代アメリカにおける学力形成論の展開．東信堂．

石井英真（2020b）．授業づくりの深め方．ミネルヴァ書房．

石井英真（2020c）．未来の学校．日本標準．

市川伸一（1995）．学習と教育の心理学．岩波書店．37頁．

ウィギンズ, G.・マクタイ, J.（西岡加名恵訳）（2012）．理解をもたらすカリキュラム設計．日本標準．（Wiggins, G. & McTighe, J.（2005）．*Understanding by Design*, *Expanded 2nd Ed.*, ASCD.）

Erickson, H. L.（2008）．*Stirring the Head, Heart, and Soul*, *3rd Ed.*, Corwin Press. p31.

奥田真丈他（1992）．絶対評価の考え方．小学館．89頁．

奥村好美・西岡加名恵編（2020）．「逆向き設計」実践ガイドブック．日本標準．

梶田叡一（2010）．教育評価・第2版補訂2版．有斐閣．

上村慎吾（2021）．外国語の評価．石井英真・鈴木秀幸編著．ヤマ場をおさえる学習評価・中学校．図書文化．96-99頁．

神原一之（2011）．「数学する」学習を実現する単元と年間カリキュラムの提案──広島大学附属東雲中学校・神原一之教諭との協働研究から．石井英真編「教科する」授業を目指す中学校教育のデザイン──パフォーマンス評価を通して授業とカリキュラムを問い直す．平成20-23年度科学研究費補助金 若手研究（B）研究課題番号：20730497「高次の学力のスタンダード設定と学校改善システムの創出」（代表 石井英真）研究成果報告書（非売品）．41-130頁．

向井文子（2017）．これからの生活に向けて──わたしのBENTO──．石井英真編著．小学校発 アクティブ・ラーニングを超える授業．日本標準．54-59頁．

ギップス, C. V.（鈴木秀幸訳）（2001）．新しい評価を求めて．論創社．（Gipps, C. V.（1994）．*Beyond Testing: Towards a Theory of Educational Assessment*, Falmer Press.）

後藤岩男・小見山栄一監修, 東京文理科大学内教育心理研究会編（1948）．小学校新学籍簿の記入法．金子書房．31-32頁．

酒井淳平（2022）．高等学校　新学習指導要領　数学の授業づくり．明治図書出版．123頁.

高浦勝義（2011）．指導要録のあゆみと教育評価．黎明書房.

田中耕治（2008）．教育評価．岩波書店.

田中耕治編著（2010）．小学校　新指導要録改訂のポイント．日本標準．131頁.

田中容子（2022）．「考える力」を鍛え，「協働して学ぶ」姿勢を育てる授業．石井英真編著．高等学校　真正の学び，授業の深み．学事出版.

梨子田喬（2021）．授業デザインの時代へ．皆川雅樹編著．持続可能な学びのデザイン．清水書院.

西岡加名恵編著（2008）．「逆向き設計」でたしかな学力を保障する．明治図書出版.

西岡加名恵（2013）．「知の構造」と評価方法・評価基準．西岡加名恵・石井英真・川地亜弥子・北原琢也．教職実践演習ワークブック．ミネルヴァ書房.

西岡加名恵（2016）．教科と総合学習のカリキュラム設計．図書文化.

根津朋実（2006）．カリキュラム評価の方法──ゴール・フリー評価論の応用．多賀出版.

堀哲夫編著（1998）．問題解決能力を育てる理科授業のストラテジー．明治図書出版.

堀哲夫（2019）．新訂　一枚ポートフォリオ OPPA．東洋館出版社.

前川修一（2022）．史料と対話する．石井英真編著．高等学校　真正の学び，授業の深み．学事出版.

McTighe, J. & Wiggins, G. (2004). *Understanding by Design: Professional Development Workbook*, ASCD. p65.

Marzano, R. J. (1992). *A Different Kind of Classroom: Teaching with Dimensions of Learning*, ASCD. p16.

文部科学省国立教育政策研究所教育課程研究センター（2019a）．「指導と評価の一体化」のための学習評価に関する参考資料【中学校　外国語】．50-51頁.

文部科学省国立教育政策研究所教育課程研究センター（2019b）．「指導と評価の一体化」のための学習評価に関する参考資料【中学校　社会】．70頁.

文部科学省国立教育政策研究所教育課程研究センター（2019c）．学習評価の在り方ハンドブック.

文部科学省中央教育審議会初等中等教育分科会教育課程部会（2016a）．算数・数学ワーキンググループにおける審議の取りまとめ（平成28年8月26日）.

文部科学省中央教育審議会初等中等教育分科会教育課程部会（2016b）．理科ワーキンググループにおける審議の取りまとめ（平成28年8月26日）.

文部科学省中央教育審議会初等中等教育分科会教育課程部会（2019）．学習評価の在り方について（報告）（平成31年1月21日）.

著　者

石井　英真　いしい・てるまさ

京都大学大学院教育学研究科准教授。博士（教育学）。専門は教育方法学。学校で育成すべき学力のモデル化を研究し，授業研究を軸にした学校改革に取り組んでいる。日本教育方法学会理事，日本カリキュラム学会理事，文部科学省中央教育審議会「教育課程部会」「児童生徒の学習評価に関するワーキンググループ」委員などを務める。

主著に『未来の学校：ポスト・コロナの公教育のリデザイン』（単著，日本標準，2020年），『再増補版・現代アメリカにおける学力形成論の展開』（単著，東信堂，2020年），『授業づくりの深め方：「よい授業」をデザインするための5つのツボ』（単著，ミネルヴァ書房，2020年），『高等学校　真正の学び，授業の深み』（編著，学事出版，2022年）ほか多数。

中学校・高等学校
授業が変わる　学習評価深化論

2023年 1 月20日　初版第1刷発行［検印省略］
2023年11月20日　初版第3刷発行

著　　　　者　　石井英真
発　行　人　　則岡秀卓
発　行　所　　株式会社 図書文化社
　　　　　　　〒112-0012　東京都文京区大塚1-4-15
　　　　　　　TEL 03-3943-2511　FAX 03-3943-2519
　　　　　　　http://www.toshobunka.co.jp/
装　　　幀　　野田和浩
本文デザイン・印刷　　株式会社 Sun Fuerza
イ ラ ス ト　　松永えりか
製　　　本　　株式会社 村上製本所